U0576173

浙江省新型政商关系
"亲清"指数研究报告
（2021）

陈寿灿　徐越倩　等　著

浙江工商大学 出版社
ZHEJIANG GONGSHANG UNIVERSITY PRESS
·杭州·

图书在版编目(CIP)数据

浙江省新型政商关系"亲清"指数研究报告. 2021 / 陈寿灿等著. —杭州:浙江工商大学出版社,2022.12

ISBN 978-7-5178-5335-0

Ⅰ. ①浙… Ⅱ. ①陈… Ⅲ. ①行政干预－区域经济－研究报告－浙江－2021 Ⅳ. ①F127.55

中国版本图书馆 CIP 数据核字(2022)第 247067 号

浙江省新型政商关系"亲清"指数研究报告(2021)

ZHEJIANG SHENG XINXING ZHENGSHANG GUANXI "QIN QING" ZHISHU YANJIU BAOGAO (2021)

陈寿灿 徐越倩 等 著

策划编辑	谭娟娟
责任编辑	高章连
责任校对	李远东
封面设计	林朦朦 胡 晨
责任印制	包建辉
出版发行	浙江工商大学出版社
	(杭州市教工路 198 号 邮政编码 310012)
	(E-mail:zjgsupress@163.com)
	(网址:http://www.zjgsupress.com)
	电话:0571－88904980,88831806(传真)
排 版	杭州朝曦图文设计有限公司
印 刷	杭州高腾印务有限公司
开 本	710mm×1000mm 1/16
印 张	8.5
字 数	134 千
版 印 次	2022 年 12 月第 1 版 2022 年 12 月第 1 次印刷
书 号	ISBN 978-7-5178-5335-0
定 价	39.80 元

版权所有 侵权必究

如发现印装质量问题,影响阅读,请和营销与发行中心联系调换

联系电话 0571－88904970

前　言

　　2020 年习近平总书记在浙江省考察期间，提出了浙江省要"努力成为新时代全面展示中国特色社会主义制度优越性的重要窗口"的殷切期望，浙江工商大学的学人备感振奋，肩负使命。"经国序民，正其制度"，中国人创造了从站起来、富起来到强起来的发展奇迹，向世人展示了中国特色社会主义制度行得通、真管用、有效率。我国应对新冠疫情所取得的重大胜利，再次展示了中国特色社会主义制度的优越性。浙江工商大学是一所以大商科为特色的百年商科名校，一直坚持富有特色的浙商研究，努力成为展示浙江与浙商的窗口，为浙江省努力成为新时代全面展示中国特色社会主义制度优越性的重要窗口而贡献自己的力量。

　　结合我们的学科优势和研究积累，我们在 3 个方面着力，讲好"浙江故事"，当好"浙江窗口"。第一，努力将新型政商关系研究打造成为浙江省营商环境改革的展示窗口，展示"最多跑一次""最多跑一地"等改革的成果，展现浙江省争当省域治理现代化排头兵的担当。我们在 2017 年底承担了教育部重大课题攻关项目"新型政商关系研究"，截至 2019 年，已经出版专著 1 部，发表高水平论文 13 篇，形成研究报告 6 篇。另一项重要研究工作便是通过浙江省新型政商关系"亲清"指数，将浙江省新型政商关系的状况展现出来。该指数自 2019 年首次发布便得到人民网、新华网、光明网等众多媒体报道和浙江省各地方政府的关注。第二，努力将浙商研究打造成为浙江省民营经济高质量发展的展示窗口，展现新时代浙商精神，展现新时代"第一商帮"的风貌。 我们为浙商发声，2019 年提交的资政报告《关于深化完善非公经济代表人士政治安排"浙江模式"试点的建议》获得了时任中央政治局常委、全国政协主席汪洋同志和时任中央书记处书记、中央统战部部长尤权同志的批示。 第三，努力将富有特色的体系化浙商研究打造成为浙江学人践行中国特色哲学社会科学学科体系建设的展示窗口，"学成致用实效彰"，将我们的研究成果写在浙江大地上。"十三五"期间，浙商研究院的系列研究成果获得省部级以上领导肯定性批示 69 次（其中，国家领导人批示 2 次），推动多项研究成果落地，有力地发挥了高校专业智库服务地方的作用，也掀起了浙江省内浙商研究的新热潮。

为进一步推动指数化新型政商关系研究，让浙江省营商环境"窗口"得到更加透亮的展示，浙江工商大学浙商研究院自 2019 年 1 月推出浙江省新型政商关系"亲清"指数(2018)起，至今已连续发布 3 年，在以往研究的基础上，我们推出了最新的研究成果——《浙江省新型政商关系 "亲清" 指数(2021)》，旨在从科学构建新型政商关系入手，进一步激发市场主体的活力。

本次评价工作主要有以下 4 个特点：第一，通过适当修正评价指标体系，以应对新冠疫情带来的数据收集问题，比如浙商研究院持续开展的面向创业者的浙江创业调查无法进行，故而我们在沿用 2018 年调查数据的基础上又增加相应采用客观数据的指标，以尽量减少数据可得性带来的影响；第二，从指数评价结果来看，浙江省总体"亲清"水平有所下降，但各地级市之间的差距有所缩小，这既与本次指标体系的微调有关，也表明浙江省各地级市在"亲清"政商关系的构建上都在发力；第三，将原先典型城市研究拓展至杭嘉湖、甬绍舟、温台丽、金衢等区域研究，在各地级市研究的基础上充实区域研究，与浙江省区域发展战略相匹配；第四，新增加了浙江省地级市在构建新型政商关系时的典型案例，剖析其做法，总结相关经验及不足，以期为相关地区提供借鉴参考。

在连续 4 年发布浙江省新型政商关系"亲清"指数的基础上，我们还要将这项工作持续推进并深入下去，努力将"亲清"指数打造成为营商环境改革展示与学术研究的"新名片"。 我们将在细化、深化、持续化、动态化"四化"方面持续努力：一是，评价指标体系还要进一步细化，当前包含 2 个维度、7

个一级指标、11 个二级指标、24 个三级指标的指标体系还不能充分反映政商关系的各个方面，未来还要进一步增加指标，调整、优化组合，重点在于通过量化呈现的方式，进一步展示浙江省在营商环境改革方面的有益经验，让"浙江窗口"更好呈现"浙江故事"；二是，评价对象还要进一步深化，逐步推进覆盖浙江省全部 90 个县（市、区），成为各地进行招商引资的辅助指引，力图为各地新型政商关系改革提供建议；三是，评价工作还要持续下去，"亲清"指数将成为浙商研究院的新品牌，坚持每年发布，成为综合反映浙江省政商关系、营商环境的"晴雨表"；四是，评价结果的展示方式还要进一步动态化，既要发布浙江省新型政商关系"亲清"指数评价月报、季报、年报，也要在此基础上建立浙江省新型政商关系数据库，为更加具体、动态地评价浙江省新型政商关系提供支撑。

指数评价工作贵在坚持，只要我们日积跬步、久久为功，在这"四化"上不断努力，就能将这一项持续研究打造为展示浙江与浙商的"新名片"和"新窗口"。 我们也希望各位学界、实务界的同人不吝批评指正，并参与这项研究，共同为新型政商关系的构建和研究贡献智慧。

C目录
ontents

新型政商关系的内涵与理论基础

1.1 新时代新型政商关系的内涵与特征

1.1.1 新型政商关系的内涵

(1)政商关系的内涵

政商关系是现代国家治理中极为复杂的一对关系,狭义上主要指政府(官员)与企业(商人)之间的关系,但从更广泛的范围看,其涉及的是现代国家运行中政府和市场两大系统之间的基本秩序。自近代工业化催生资本主义体系以来,如何处理政商关系逐渐成为现代化制度建构中无法回避的问题。"在世界上所有的政治制度中,大部分政治是经济性的,而大部分经济亦是政治性的。"①考察不同国家的政治、经济及社会形态情况可知,政商关系是最为重要的维度之一。如何处理政府与企业之间的关系,是各国普遍面临的问题,也是现代经济学、政治学等社会科学持续关注而又历久弥新的课题。

---

① 查尔斯·林德布洛姆:《政治与市场:世界的政治—经济制度》,王逸舟,译,上海人民出版社 1992 年版,第 9 页。

　　理解政商关系,需要对政商关系的概念及其涵盖的内容进行剖析。 首先,政商关系由"政"和"商"两个维度构成,两个维度又分别包含多个层级关系。 从"政"的维度而言,其包含政治上层建筑、政府、政府官员等层次;从"商"的维度而言,其包含经济形态、市场、企业(企业家)等层次。 其次,从微观至宏观,政商不同层级之间形成了相互对应的复杂关系,如政府官员与企业家的关系、政府与市场的关系、政治系统与市场系统的关系等,不同层级相互影响、相互交融,共同构成了现代立体式、系统性的政商关系。 最后,关系是相互作用、相互影响的一种状态,这种互动和影响既可以是积极的,也可以是消极的,它往往因时而异、因势而变。 在不同的发展阶段,我们对政商关系的理解也是有差异的。 本书认为,在探讨现代国家政商关系的运行中,从微观至宏观,至少需要涉及政府官员与商人(企业家)、政府与企业(企业组织)、政府与市场几个层级,进而对政商不同层级之间的关系进行系统性梳理。

　　除了政商关系内在的维度和层级之外,我们对政商关系的解析离不开一定的社会环境。 由于经济基础和政府模式的不同,不同的国家,政商关系的互动也呈现出不尽相同的形态。 马克思主义唯物史观告诉我们,对政治和经济关系的理解不能脱离相应的环境。 理解政商关系的内涵,既要遵循现代国家治理过程中政商关系的普遍性规律,也要充分认识到不同国家的环境差异对构建政商关系不同路径的影响。 即使在市场机制普遍发达的现代国家,也无法回避政商关系在国家治理中的重要性,但在不同的政治经济理论、国家制度形态、社会文化传统的影响下,各国对政商关系的理解是不同的。 因此,对政商关系的理解,需要在普遍遵循现代市场经济语境中政商规律的前提下,充分考虑不同的理论形态、制度基础和社会文化传统对政商关系的影响。 一个国家政商关系的发展导向,从根本上而言是由其国家形态和国家制度结构所规定的,同时受历史文化传统、社会心理等诸多因素影响。

　　基于此,本书认为,所谓政商关系,是指基于"政""商"两个维度,各自不同层次的内容构成的系统性对应关系。 这种关系因受不同的经济基础、政府形态、文化传统等要素的影响而具有差异性。 本书立足于浙江省新型政商关系的研究,主要从微观、中观和宏观三个方面,即政府官员与商人(企业家)

的关系、政府与企业(企业组织)的关系、政府与市场的关系出发,多维度分析浙江省新型政商关系的"亲清"指数。

(2)中国特色新型政商关系的基本内涵

习近平总书记用"亲""清"两字定调新型政商关系,为中国特色新型政商关系的发展指明了方向。[①] 理解以"亲""清"为核心的中国特色新型政商关系,需要对政商主体及相关要素进行细致解构,然后基于马克思主义的理论指导、现代市场经济的基本规律、中国独特的制度形态和文化传统等方面,对政商不同层级之间的关系及其内在逻辑进行分析。"亲""清"新型政商关系的构建,就是要在系统性理解政商关系的基础上,对政商不同层级之间的关系进行规范化和制度化,其基本方向是政商双方各自规范和优化自身的职责行为,并健全以法治为核心的政商关系规范体系。 而这种规范和优化,必须建立在马克思主义理论、中国国家治理结构和历史文化传统的场景之中。

从"政"的角度而言,构建新型政商关系的关键在于优化政府职责。 没有一个职能科学、权责法定、执法严明、公开公正、廉洁高效、守法诚信的政府,政商关系的"亲"和"清"便无从谈起。 只有明确政府在政商关系中的职和责,才能厘清政府的权力和行为边界。 同时,需要明确指出的是,与西方自由主义理论背景下的政商关系不同,在中国市场经济发展过程中,党和政府一直扮演着积极有为的角色。 中国政府在政商关系构建过程中具有主导性地位,在调动和整合资源方面有着无可替代的作用。 因此,构建新型政商关系,绝不仅仅是限制政府的权力,而是要在控制政府越位和乱为,力求"清"的同时,推动政府依法积极有为,服务企业和经济发展以求"亲"。

从"商"的角度而言,构建新型政商关系需要企业家和企业组织规范自身行为、提升行业自治能力。 长期以来,受市场经济发展过程中的一些体制机制不健全的问题,加上传统文化中的一些糟粕的影响,政商关系在一些领域扭曲畸变,不仅影响了经济的有序运行,而且污染和影响了政治生态。 一些商企主体长期以来对公权力既恐惧又依赖,试图通过依附官僚体系或者勾结相

---

① 习近平:《习近平谈治国理政:第二卷》,外文出版社 2017 年版,第 264 页。

关政府官员来谋求自身利益。 一些企业和商人习惯依靠"寻求关系、建立关系、维护关系、利用关系、发展关系"来寻求机会保护企业、发展企业,少数不法商人和企业甚至通过行贿和围猎政府官员的方式来获得不法收益。 因此,新型政商关系的构建,既离不开政府职责体系的优化,也离不开商企主体依法经营,从"商"的维度维护良好的政治和经济生态。

从"政""商"两个维度的不同层次的内容来看,中国特色新型政商关系的构建,需要从政府官员与商人(企业家)、政府与企业(企业组织)、政府与市场几个不同层次入手,不断厘定不同层次之间的政商边界,搭建不同层次之间政商有效互动的制度性平台,使政商关系健康化、规范化和制度化。 综上而言,本书理解的新型政商关系的基本内涵为:新时代中国特色社会主义场景下以"亲""清"为核心,基于不同层次构成的具有中国特色的系统性政商关系。 新型政商关系既要求政府不断优化职责体系,为企业经营提供良好的环境和服务,也要求商企主体依法规范自身的行为职责,共同构建良性的政商生态。 其核心是通过法治化不断厘定政府与市场两大系统之间的权责边界及其互动关系。

1.1.2 新型政商关系的主要特征

(1)普遍性和特殊性的统一

新型政商关系首先是中国场景中的政商关系,既有现代国家政商关系的普遍特征,又有中国特色的国别属性。 除了现代国家治理中政府官员与商人(企业家)的行为规则、政府与市场的界限、政府与企业(企业组织)的边界等普遍遵循的规律之外,相比于一些西方国家,中国政商关系的构建离不开中国独有的政治经济形态、国家治理结构和历史文化传统。 相比于西方国家"有限政府"的国家治理理念,中国在国家治理实践中一直是强政府主导的模式,强调政府在国家治理中的积极有为。[①] 尽管西方国家在发展过程中围绕政府在经济建设中的职能和作用进行了广泛讨论,但总体而言,西方国家普遍遵循了

---

① 徐勇:《基于中国场景的"积极政府"》,《党政研究》2019 年第 1 期。

"有限政府"的基本理论逻辑。 不同于西方国家的国家治理结构,中国党政主导发展的治理模式及强政府的历史文化传统,决定了政府在推动市场经济过程中扮演着积极有为的角色,"科学的宏观调控,有效的政府治理,是发挥社会主义市场经济体制优势的内在要求"①。 中国特色政商关系在强调厘定政商边界,实现政商边界清晰,充分发挥市场在资源配置中决定性作用的同时,也强调政商的"亲近",强调政府通过有效的政策行为,规范和引导市场行为,为市场有序运转提供政策和服务保障。 "使市场在资源配置中起决定性作用和更好发挥政府作用,二者是有机统一的,不是相互否定的,不能把二者割裂开来、对立起来,既不能用市场在资源配置中起决定性作用取代甚至否定政府作用,也不能用更好发挥政府作用取代甚至否定市场在资源配置中的决定性作用。"②有学者指出,中国遵循的是"有为政府+有效市场"的政商关系基本逻辑,在明晰政商边界的基础上,同时强调政商主体在国家治理中的博弈及合作。 正是"官场+市场",构成了中国独具特色的经济增长机制及政府与市场的互动模式。③ 因此,对中国特色政商关系的理解,既要立足于现代国家政商关系的普遍性规律,又要充分考虑中国国家治理模式内在的特殊性。 对中国特色新型政商关系的评估,在考察政府和企业廉洁度、透明度及厘定双方边界的同时,还需要强调政商之间内在的互动性和协作性。

(2)传统性与时代性的统一

问题就是时代的口号,习近平总书记提出以"亲""清"为核心的新型政商关系,是对当前政商领域腐败多发、关系扭曲等现象的有力回应。 "经过20多年实践,我国社会主义市场经济体制已经初步建立,但仍存在不少问题,主要是市场秩序不规范,以不正当手段谋取经济利益的现象广泛存在……这些问题不解决好,完善的社会主义市场经济体制是难以形成的。"④在中国特色社会主义进入新时代的场景下,作为国家治理的重要维度,政商关系亟须规范

---

① 习近平:《习近平谈治国理政》,外文出版社 2014 年版,第 117—118 页。
② 习近平:《习近平谈治国理政》,外文出版社 2014 年版,第 117 页。
③ 周黎安:《"官场+市场"与中国增长故事》,《社会》2018 年第 2 期,第 1—45 页。
④ 习近平:《习近平谈治国理政》,外文出版社 2014 年版,第 76 页。

化。 首先，从政商关系的实践现状来看，当前一些领域内政商关系的不规范严重影响了国家治理现代化的政治经济生态，对原有政商关系的规范已经是当务之急。 新型政商关系的构建需要通过反腐败斗争、消除官商勾结、创租寻租等行为，消除各种"玻璃门""弹簧门""旋转门"。 其次，从政商关系不规范的原因来看，除了政府官员和商人(企业家)之间不道德的行为之外，最主要的问题在于社会主义市场经济建设过程中体制机制的不完善。 因此，在深入持久地打击腐败、消除官商勾结的基础上，亟须通过体制机制的完善，为新型政商关系的构建明确政商相互之间的职责，搭建良性健康的政商互动平台，从根本上去除导致政商关系不规范的土壤。 最后，从新型政商关系构建的目标导向来看，关键是要为企业经营和发展提供良好的政商环境，激发企业创造力和市场活力，建立起政商之间健康有效互动的体制机制，完善中国特色社会主义法律体系。 因此，我们探讨新型政商关系的构建，必须回应时代问题，在国家治理现代化的历史进程中分析新型政商关系的实践路径。

(3)法治化与伦理化的统一

法治是现代国家治理的本质属性，新型政商关系的构建离不开法治保障。现代国家运行主要由政府系统、市场系统和社会系统三大系统构成，而法治是明确三者边界又连接三者关系的根本纽带。 只有不断推动政商关系的法治化，才能为政商关系的规范建立长久可持续的保障机制。 从法治角度而言，新型政商关系的构建既需要从立法角度为政商关系建立法律规范，也需要从执法和司法角度为其提供保障。 需要指出的是，中国的政商关系建立在中国独有的文化传统和社会基础上，之所以在"清"的同时要强调"亲"，绝不仅仅是通过法治路径来划清二者的界限，还要通过社会伦理规范为新型政商关系的构建进行价值引导。 也就是说，除了强制性的法律法规之外，还需要柔性的社会伦理来规范政商主体之间的行为并促进二者之间的良性互动。要充分实现法律规范作用和社会伦理引导作用的统一，"在推进依法治国过程中，必须大力弘扬社会主义核心价值观，弘扬中华传统美德，培育社会公德、职业道德、家庭美德、个人品德，提高全民族思想道德水平，为依法治国创造良好人文环境"①。 新型政商关系的构建,在通过优化立法、司法和执法路径为政商关系不断明确制度界限的同时,还需要通过完善新型政商伦理道德体系,为政商关系的良性互动夯实文化和社会心理基础。 因此,中国语境中新型政商关系的法治化,既要强化法治这一核心保障,也要优化社会伦理规范。 新型政商关系的构建,在推动政商关系法治化,不断优化立法、司法、执法层面相关保障的同时,还要通过社会伦理和文化建设,为新型政商关系的发展培育良好的社会生态。 概而言之,就是要通过法治和伦理、硬性和柔性两方面,为新型政商关系的发展培育建立良好的规范体系。

1.1.3 新时代新型政商关系的新内涵与新特征

(1)党对新时代新型政商关系的新认识和新要求

习近平总书记于 2016 年 3 月 4 日首次提出构建以"亲""清"为核心的新型政商关系,成为党的十八大以来的重要理论创新,并在七年多的时间中不断发展深化:

党的十九大报告中提出"构建亲清新型政商关系,促进非公有制经济健康发展和非公有制经济人士健康成长",为构建新型政商关系明晰原则和方向。

党的十九届四中全会指出,健全支持民营经济、外商投资企业发展的法治环境,完善构建"亲清"政商关系的政策体系,健全支持中小企业发展制度,促进非公有制经济健康发展和非公有制经济人士健康成长。 这表明"亲清"政商关系是国家治理体系和治理能力现代化建设的重要内容。

党的十九届五中全会报告中增加了"依法平等保护民营企业产权和企业家权益,破除制约民营企业发展的各种壁垒,完善促进中小微企业和个体工商户发展的法律环境和政策体系"的内容,"亲清"政商关系的内容进一步丰富和具象。

党的二十大报告中提出,"优化民营企业发展环境,依法保护民营企业产

---

① 习近平:《习近平谈治国理政:第二卷》,外文出版社 2017 年版,第 117 页。

权和企业家权益,促进民营经济发展壮大",并首次提出"全面构建亲清政商关系,促进非公有制经济健康发展和非公有制经济人士健康成长",对新时代新型政商关系的构建提出了更高的要求。

从党的十九大报告提出"构建亲清新型政商关系"到党的二十大报告提出"全面构建亲清政商关系",可以看出党对"亲清"政商关系的认识越来越清晰,要求越来越明确。 具体来说,对领导干部而言,所谓"亲",就是要坦荡真诚地同民营企业接触交往,特别是在民营企业遇到困难和问题的情况下更要积极作为、靠前服务,对非公有制经济人士多关注、多谈心、多引导,帮助他们解决实际困难。 所谓"清",就是同民营企业家的关系要清白、纯洁,不能有贪心私心,不能以权谋私,不能搞权钱交易。 对民营企业家而言,所谓"亲",就是积极主动同各级党委、政府及部门多沟通多交流,讲真话,说实情,建诤言,满腔热情支持地方发展。 所谓"清",就是要洁身自好、走正道,做到遵纪守法办企业、光明正大搞经营。 "亲清"政商关系重塑了我国传统政商关系的价值内涵和实践要求,为构建新型政商关系指明了方向,划清了边界。

在此背景下,本课题组在行业商会、营商环境研究的基础上就"亲清"政商关系开展了系列研究,并于 2017 年承担了教育部重大课题"新型政商关系研究",在对国内外"亲清"政商关系的理论内涵和历史演进进行学术梳理的基础上,对国家治理变迁中政商关系的演进历程、新型政商关系构建中的政府职责优化、新型政商关系构建中的商企主体行为、新型政商关系法治化及其实现路径、互联网经济下的新型政商关系等内容展开了深入研究,在形成系列学术成果的同时,也为政府决策提供了众多具有参考价值的政策建议。

(2)新时代新型政商关系发展的新特征

政商关系作为贯穿社会经济发展进程的永恒主题,会因处在不同社会历史阶段而呈现出不同发展特征。 例如,在新民主主义革命时期,为争取革命战争胜利,政商关系呈现出以保障基本生产为主导的特征;中华人民共和国成立后,在生产资料极为有限的条件下,政商关系呈现出以行政管理为主导的特征；改革开放后，在市场化改革目标下，政商关系呈现出以激发各类企业活力为主导的特征。立足新发展阶段，贯彻新发展理念，构建新发展格局，政商关系又被置于一个充满变量的新情境中，必将呈现出新的发展特征。

从外部环境看。一是，营商环境创新试点工程对政商关系外部环境的改善以及未来发展方向提供了方法论的指引。创新试点工程将在改革、创新及评估三个方面采取措施改善营商环境，在健全改革协调联动机制、形成改革合力的基础上，鼓励试点城市紧密结合当地产业布局和发展重点，打造各具特色的营商环境并进行评估，将行之有效、获得市场主体普遍好评的改革举措和经验做法，及时在全国复制推广。二是，数字技术的普遍应用为政商关系的发展提供了新机遇和新挑战。一方面，数字技术通过工具、机制、主体价值等维度对政府和企业产生正向影响，驱动治理结构、治理模式、治理理念变革，推动政商关系向平等互动、合作互利、相互监督的方向发展；另一方面，由于数字技术存在方向性，若忽视或不恰当处理数字技术在政商关系构建过程中效应的发挥，很可能致使政府和企业陷入工具理性之中，政府和企业为了自身的利益陷入技术竞赛，令政商关系发展面临新的风险和困境。

从内部视角看。政商关系中的两个主体——政府和企业也有了进一步的新发展。一方面，政府的改革打破了以往评价侧重于便利化等效率指标的局面，开始以制度创新为核心。以往政府的改革侧重于提高政府办事的行政效率，主要针对企业开办与经营过程，忽略了企业在进入市场前对当地营商环境的主要关注点在于更加宏观的经济状况和市场环境这一问题。现今的改革将"破法"视为体制改革和制度创新的题中应有之义。例如，在国务院印发的《关于开展营商环境创新试点工作的意见》中，决定根据《全国人民代表大会常务委员会关于授权国务院在营商环境创新试点城市暂时调整适用〈中华人民共和国计量法〉有关规定的决定》，并要求有关部门和有关地方人民政府根据法律、行政法规的调整情况，及时对本部门和本地区制定的规章、规范性文件做相应调整，建立与试点要求相适应的管理制度，对试点成效明显的改革举措，要及时推动有关法律、规章的立改废释，固化改革成果。这显现出政府以改革优化营商环境、推进政商关系，以法治巩固改革成果的坚定决心和实践路径。 另一方面,政商关系中另一重要主体——企业也在积极谋求推进政商关系的改善,在政商关系中由被动转为主动。 民营企业在抢抓新时代的发展机遇、发挥民营企业内生动力的同时,又积极主动担当时代重任,发挥企业家精神,为推动政商关系的发展注入新动力。

1.2　浙江省新型政商关系评估的理论基础

1.2.1　浙江省新型政商关系评估指标体系构建的基础理论

政商关系反映的是营商环境的关键内涵,故而在构建指标体系并对其进行系统评估时应认识到政商关系的多维性与复杂性。 经济学、政治学、社会学、管理学等多个学科都有其相应理论,对政商关系或政企关系的评估起着重要的支撑作用。 本研究的评估指标体系具体涉及以下理论与论述:政治关联理论、官员晋升锦标赛理论、规制俘获理论、寻租(腐败)理论、依托理论,以及习近平总书记关于新型政商关系"亲""清"内涵的论述。 根据这些重要理论与论述,本研究构建起包括"亲近"和"清白"两大维度的指标体系,前者包括政府对企业的服务、政府对企业的支持、企业活跃度、政府亲近感知度 4个一级指标,后者包括政府廉洁度、政府透明度、政府廉洁感知度 3 个一级指标。

(1)政治关联理论及研究

企业政治关联一般被认为是企业与政府部门或拥有政治权力的个人之间形成的非正式、特殊的政企关系,表现为企业高层管理人员及大股东拥有在政府部门任职的经历,或者通过公益事业及人际关系网络建立的与政府的关系等。 政治关联不同于政治贿赂,它在法律层面是合法的。 Fisman(2001)和Faccio et al.(2006)较早开始关注政治关联(Political Connection)对企业的价值,开始探索政府对企业行为的影响。 其后,从政治关联角度对中国政府与企业的关系的研究大致从两条路线展开:一是政治关联与企业行为的关系,如

从融资选择(Li et al.，2008)、控制权结构架构(Chen et al.，2011)、企业 IPO
决策(Piotroski et al.，2014)、企业慈善(Lin et al.，2015；Li et al.，2015)、
并购活动(Ferris et al.，2016)、审计师选择(He et al.，2017)等角度展开；二
是政治关联带来的后果，如 IPO 后业绩(Fan et al.，2007)、少数股东保护
(Berkman et al.，2011)、CEO 自身晋升关注(Li et al.，2013)、私募股权投
资决策(Fonseka et al.，2015)、二代涉入后企业绩效(Xu et al.，2015)、企业
价值(Chen et al.，2017)、CEO 堑壕效应(Cao et al.，2017)等方面。 近年
来，部分研究也开始讨论政治关联对于获得金融市场救助、政府补贴及债务成
本削减等调整企业杠杆率等因素的影响(Banerji et al.，2018；Lim et al.，
2018)。

国内学者对政治关联的研究延续了国外学者的思路，讨论了政治关联对
企业行为的影响，如融资约束缓解(罗党论和甄丽明，2008)、财政补贴获得
(潘越等，2009；余明桂等，2010)、企业并购实施(潘红波等，2008)、多元化
经营(张敏和黄继承，2009)、战略性慈善行为(贾明和张喆，2010；戴亦一
等，2014)、企业创新(党力等，2015)等；也讨论了政治关联给企业带来的经
济后果，如从民营企业经营绩效(邓建平等，2009)、权益资本成本(肖浩等，
2010)、企业成长(杨其静，2011)、长期绩效(田利辉和张伟，2013)、未来经
营绩效(唐松和孙铮，2014)等角度研究了政治关联带来的后果。 近年来，部
分研究开始讨论政治关联对企业资本市场股权再融资等的影响(杨星等，
2016)。

(2)官员晋升锦标赛理论及研究

长期以来，学术界一直在为中国改革开放以来的经济增长奇迹寻求解释，
其中重要的观点落在地方政府、地方官员行为对经济增长的推动上。 继"中
国特色联邦主义"假说(Weingast，1995；Qian et al.，1996，1997)后，学术
界认为经济上的财政分权必须和政治上的集权相结合才能解释中国的经济增
长(如 Li et al.，2005)，以及以官员为分析对象研究其政治激励——晋升对地
方经济的影响，使得晋升锦标赛理论(周黎安，2007，2008)出现。 该理论认
为，在行政和人事方面的集权制下，地方官员会为追求晋升而积极推动经济增

长，表现出"政治人"属性；在中央政府致力于经济建设、强调"发展是硬道理"的背景下，地方官员晋升考核标准也由以政治表现为主转变为以经济绩效为主，由此，关心仕途的地方官员在强力激励下，围绕 GDP 增长而展开晋升锦标赛。 在实证方面，Li et al.(2005)、张军等(2007)、王贤彬等(2008)发现，中国省委书记、省长任期内的 GDP 增长速度提升会显著提高其晋升可能性；Fan et al.(2007)对地级市官员样本的实证研究也证实了该理论。

因此，地方政府对经济增长的研究又进一步从官员个人特征与辖区经济增长间的关系(如王贤彬等，2009；徐现祥等，2010)来深入探索官员推动经济增长的微观途径，即地方政府干预与企业行为这一层面。 如钱先航等(2011)考察了地方官员晋升压力及其任期对城商行贷款行为的影响；徐业坤等(2013)发现，当面临政治不确定性(如市委书记更替)时，民营企业的投资支出会明显降低；干春晖等(2015)发现，地方官员会在晋升关键时期向企业提供更多的土地及融资优惠；曹春方等(2014)发现，财政压力和晋升压力都会导致地方国有企业过度投资，官员任期则与之存在倒 U 形关系；罗党论等(2016)证实，重污染企业投资的增加会对地方官员晋升产生显著的负面影响等。

(3)规制俘获理论及政企合谋研究

规制俘获指的是主管机关在其主管范围内制定的某种公共政策或法案，在损害公众利益的状况下，使得特定领域商业或政治利益团体受益的行为。当规制俘获发生时，企业或政治团体的利益比公众利益更被优先考量，使得社会全体受到损失(Stigler et al.，1962)。 一般认为，信息不对称是规制俘获能够成立的基础，被规制企业能够获得的信息组，扣除实施规制俘获的成本(如被发现的成本和私下转移支付的低效率损失)，就是被规制企业可用于进行规制收买的"额度"(Laffont，2009)。

聂辉华等(2006)首次将地方政府为了政绩而纵容企业选择"坏的"生产方式的现象称为"政企合谋"。 在这过程中，地方政府及官员会得到经济上的财税收益好处和政治上的升迁机会，企业则通过节约成本和逃避管制获取更高的利润，但这却会导致各类生产安全事故和社会问题的出现，给当地居民造成损失，并在一定程度上危害中央政府的权威和利益。 进而，基于已有的合谋理论(如 Tirole，1986，1992)，包括防范合谋发生的逆向选择模型及道德风险模型，以及委托人默许合谋的均衡合谋(Kofman et al.，1996；Suzuki，2007)，聂辉华等(2015)构建的"中央政府—地方政府—企业"三层博弈模型，展示出中央政府的均衡合谋契约与防范合谋契约。他们发现：第一，经济增长超过社会稳定成本时，中央政府会默许政企合谋；第二，价格水平、公众偏好、事故发生概率的变化会导致中央政府在防范合谋和合谋之间转变；第三，分权的属地管理方式在某些条件下，较之集权的垂直管理方式更容易导致均衡合谋。他们的研究与以往垂直管理方式比属地管理方式更容易防范合谋的观点(如王赛德等，2010；尹振东等，2011)并不一致。

(4)寻租(腐败)理论及研究

腐败作为一种世界性的现象，始终是困扰各国政府治理的重要问题。在经济学中，腐败一般指政治腐败或官员腐败，即政府官员"为了私人利益而滥用公共权力"(Svensson，2005)。有关腐败的研究主要包括两大类：第一类研究腐败发生的原因，如 Glaeser et al.(2006)梳理出官员工资、受教育水平、政府规模、政府管制、财政分权、族群差异等导致腐败的因素；第二类研究腐败产生的后果，特别是腐败对经济效率的影响。在第二类研究中，学术界形成了两种对立的观点：其一，认为腐败是"沙子"，会扭曲资源配置，阻碍经济长期增长(如 Shleifer et al.，1993；Mauro，1995)；其二，认为腐败是"润滑剂"，有助于企业规避无效的政府管制而提高经济效益(如 Lui，1985)。

聂辉华等(2014)认为：其一，既有实证研究多使用跨国企业数据(如 Mo，2001；Rosa，2010)，难以反映腐败在处于不同发展阶段国家间的差异，比如发展中国家有着更多无效率的政府管制，一定程度的腐败可能有助于企业加以规避；其二，现有企业数据基本上是横截面数据，无法消除企业固定特征带来的估计偏差；其三，中国腐败程度比较严重，却又是世界上发展最快的经济体，现有研究很难解释中国的"腐败与经济增长之谜"。继而，他们以1999—2007年中国制造业企业的微观数据，考察地区层面的腐败对企业全要素生产率的影响，从三类特征揭示腐败对不同类型企业全要素生产率的影响：其一，腐败对国有企业的生产率并无影响，对民营企业则有着正效应；其二，腐败对固定资产比重高的企业有着更大的负效应;其三,腐败对中间产品结构比较复杂的行业有着更大的负效应。

在腐败对企业行为的影响方面,由于贿赂等腐败行为有着内在隐蔽性,不但监督困难,而且给研究取证造成困难(如 Reinikka et al., 2006; Olken et al., 2012)。李捷瑜等(2010)研究了转型经济中企业销售增长与贿赂的关系,发现企业的贿赂与其利润增长存在显著的正相关关系,特别是贿赂能够通过降低官员掠夺或帮助企业获得资源而促进其销售增长。而基于中国企业运行的实际,Cai et al.(2011)以招待费和差旅费支出作为度量腐败支出的新指标,发现其兼具"保护费"和"润滑剂"的作用,可以帮助企业获得更好的政府服务、降低实际税率和管理支出;黄玖立等(2013)发现,该方面的支出越多,企业获得的政府订单和国有企业订单也越多;徐细雄等(2017)发现,官员腐败会显著提升企业代理成本,包括管理费用率提高、资产利用率降低等。

(5)依托理论

Baum et al.(1999)根据地方政府是否深度干预企业经营(亲近程度)和对经济发展是否具有促进作用(经济绩效)等两大维度,将政府与企业的关系划分为四种类型,即企业家型、发展型、侍从型和掠夺型。依照此框架,如果政府直接经营企业,并促进其经济增长,则政商关系就是企业家型;如果政府通过营造良好的环境来招商引资,并促进企业经济增长,则政商关系就是发展型;如果政府官员与企业家有私交且政府官员参与企业盈利,并促进其经济增长,则政商关系就是侍从型;如果政府官员利用职位和权力获取非生产性租金,并促进企业经济增长,则政商关系就是掠夺型。前两种类型的政商关系总结和反映了当初日本、新加坡等亚洲经济体的发展状况,并部分反映了中国经济奇迹的产生原因,但并未讨论政府廉洁度即"清"方面的问题。

习近平总书记深刻阐述的亲清新型政商关系,为我们评估当前政商关系情况指明了方向。对领导干部而言,所谓"亲",就是要坦荡真诚地同民营企业家接触交往,特别是在民营企业遇到困难和问题时更要积极作为、靠前服务,对非公有制经济人士要多关注、多谈心、多引导,帮助他们解决实际困难；所谓"清"，就是同民营企业家的关系要清白、纯洁，不能有贪心私心，不能以权谋私，不能搞权钱交易。 而对于民营企业家而言，所谓"亲"，就是积极主动同各级党委和政府多沟通、多交流，讲真话、说实情、建诤言，满腔热情地支持地方发展；所谓"清"，就是要洁身自好、走正道，做到遵纪守法办企业、光明正大搞经营。 因此，从"亲""清"两个维度评价当前新型政商关系的情况，不仅与已有的政商关系理论研究相呼应，更与新时代中国特色政企关系的内涵相吻合。 如表 1-1 所示。

表 1-1　习近平总书记对领导干部和民营企业家的"亲""清"要求

对象	维度	要求
领导干部	"亲"	坦荡真诚交往,积极作为、靠前服务,多关注、多谈心、多引导
	"清"	关系清白、纯洁,不能有贪心私心、以权谋私、搞权钱交易
民营企业家	"亲"	积极主动与政府多沟通、多交流,讲真话、说实情、建诤言
	"清"	洁身自好、走正道,遵纪守法办企业、光明正大搞经营

1.2.2　浙江省新型政商关系评估的相关理论与应用研究

(1)当前新型政商关系的相关理论研究

①新型政商关系的内涵界定与测度标准研究。

新型政商关系是对政商关系基本内涵的延展深化，也是目标追求、价值意蕴和实现路径的有机耦合，把握基本内涵是践行新型政商关系的认知前提，揭示价值意蕴是践行新型政商关系的内生动力，构建创新路径是践行新型政商关系的实践保障(郑善文，2018)。 一些研究通过界定新型政商关系的内涵、特征，间接反映政商关系的测度标准。

在基本内涵研究方面，卞志村(2018)认为，要从"四个全面"战略高度把握"亲清"新型政商关系的内涵，全面建成小康社会是其服务的宏观目标，全面深化改革是其强大动力，全面依法治国是其重要保证，全面从严治党是其政治保证。 郑善文(2018)从"亲""清"的原初语义与伦理特质入手，认为只有充分发挥其教化人、培育人的作用，才能筑牢新型政商关系；认为领导干部与民营企业家要在深入领会时代内涵与现实要求的前提下，精准把握政商相互作用关系中的中庸之道；还认为在内在逻辑与价值取向上，新型政商关系是"亲清治"实践逻辑和"义利情理法有机统一"价值逻辑的完美耦合。

在价值意蕴研究方面，基于浙江省政商关系构建的实践，杨卫敏(2016)认为，"亲""清"分别对领导干部和非公有制经济人士提出要求，需要政商两方面共同努力，其中"政"是主要方面，应该主动作为：一是坚持中国特色社会主义方向的指导思想；二是坚持法治与德治相结合的工作原则；三是坚持有序有效的工作目标；四是坚持规范长效的工作机制。杨卫敏(2018)参照企业文化建设同心圆，将政商关系分为四层：表层关系(关系形式)、浅层关系(关系行为)、深层关系(关系制度和机制)、核心关系(关系文化)。

在创新路径研究方面，邱实等(2015)在回顾中国政商关系演变后，探讨了在国家治理现代化进程中的"政"与"商"，并从新型政商关系构建与演变的宏观层面和政府官员与商人(企业家)关系的微观层面，寻求一个政商关系最清廉、最有效的发展路径。王蔚等(2016)将良性互动的亲清政商关系概括为"沟通、互助、守法、诚信"四条基本原则，认为只有把握这四条原则，从"法治"和"德治"两方面着力，才能构筑一条最为清廉、最为有效的政商关系发展路径。唐亚林(2016)认为，新型政商关系社会价值体系的核心是民主法治价值及官商二元化价值，将追求平等服务精神、清廉正派意识和守法诚信价值作为衡量新型政商关系构建程度的重要内容。侯远长(2017)认为，当前政商关系构建中的主要问题是"清"而不"亲"、舍"亲"保"清"，同时认为构建新型政商关系的路径有四条：一是强化服务意识，转变政府职能，建立政商沟通机制；二是以法律法规制度为保障，使"亲"情常在、"清"气常存；三是拓展民间融资渠道，建立四个服务平台；四是领导干部要发挥主导作用，改变不敢为、不愿为、不作为的现象。

②新型政商关系的维度构建研究。

在理论研究方面，国内已经有一批学者开始关注及考察新型政商关系的各种维度。在"亲"这个维度上，陈璟等(2016)认为，可以借鉴服务型政府的基本要素(如施雪华，2010)来设计相关指标，他们将服务型政府的基本要素和平衡计分卡的四个考核维度结合起来，建立起考核政商关系的"亲与不亲"

的指标体系，即政府职能转变维度、工作流程维度、顾客维度、效益维度。其中，政府职能转变维度关注政府为了更好地满足客户要求需要做出的改变，工作流程维度旨在考察政府为了构建新型政商关系应如何对自己的工作流程进行设计和改进，顾客维度关注作为政府服务对象的顾客对政府服务的评价和感受，效益维度则是运用考核结果来进行奖惩和激励。

褚红丽（2018）从产权保护、市场准入、融资环境、公共服务水平、基础设施完备等方面考量政商交往中"亲"的程度，通过企业向政府的行贿及企业人员在政府部门的任职情况来反映政商关系中"清"的程度。基于中央统战部、全国工商联、国家市场监管总局、中国社会科学院、中国民营经济研究会组织的"中国私营企业调查"（2012）和世界银行组织的"中国企业环境调查"（2005）数据，实证检验政商关系中"亲"环境的建立对"清"关系的影响，发现产权保护、市场准入、融资环境等"亲"环境因素更有利于"清"关系的建立，说明硬性环境已经不构成中国企业发展的主要障碍和不良政商关系的主要原因，软性制度成为影响政商关系是否清廉和市场竞争环境是否公平有序的重要因素。

（2）当前新型政商关系评估的相关研究

①区域性新型政商关系评估研究。

据我们掌握的资料，自 2017 年起，一些研究开始关注区域性新型政商关系的评估工作。如江阴市委统战部江阴市委党校联合课题组（2017）通过政商关系认识、政商交往行为、政务服务水平和企业家政治参与等 4 个指标，对当地部分企业家进行问卷调查与访谈座谈，累计回收有效问卷 499 份，旨在了解和掌握当地政商关系的现状和当地新型政商关系的构建情况，并据此提出新型政商关系构建过程中统战工作的要点。

李岚（2018）以河南省为例，采用深度访谈与问卷调查的方式，考察民营企业与政府之间的互动实践及存在的问题，在重点确定 15 家访谈对象和 2 次预调研后设置 3 组共 44 个问题，包括企业和问卷回答人的基本情况，企业对自身一般经营环境和政策、行政环境的评价，企业政治参与情况（民营企业对政治参与的态度和看法，参与的方式、渠道、特征和效果及参与过程中存在的问题），进而向郑州、洛阳、开封和三门峡等 4 个地级市的民营企业发放问卷 700 份，获得有效问卷 584 份。研究后发现，现有局面下政府与民营企业之间缺乏持续有效的沟通，这不利于"亲"型政商关系的建立。此外，参政渠道少、有效性不高导致企业受到不公正待遇时缺乏正当解决渠道，不得不利用资源寻求非官方渠道，提供了寻租机会，这不利于"清"型政商关系的建立。

②全国性新型政商关系评估研究。

体现出"亲清"新型政商关系中某一重要维度的评估研究如下：

在"亲"方面，影响力较大的代表是新加坡南洋理工大学南洋公共管理研究生院课题组的连氏中国城市服务型政府指数，可以在一定程度上反映"亲近"政府建设成果。自 2010 年起，该课题组连续 5 年对中国城市进行公共服务质量调查和排名，并发布《中国服务型政府调查报告》，旨在考察公众和企业对公共服务与政府管理的满意度，其指标体系构建也维持了较好的连续可比性。以其 2014 年的调查为例，该课题组利用电话访问系统调查了 36 个城市的 25370 位居民和 3687 个企业（总计拨打电话近 39.6 万个），指标体系包括服务型政府公众视角、服务型政府企业视角和基本公共服务等三大维度，分别包含 5、4、11 个子维度共 70 个测量指标，并给出了各个子维度的城市排名，为进一步提升中国政府治理能力、转变政府行政管理模式、推进服务型政府的建设提供了有力的决策支持。此外，还有世界银行发布的著名的《营商环境报告》(Doing Business)，它自 2003 年开始发布，主要关注政府监管效率、营商便捷度等方面，侧重于客观衡量营商环境，但没有考察政府服务力。

在"清"方面，清华大学公共管理学院每年度发布的《中国市级政府财政透明度研究报告》从财政信息公开情况来反映政商交往过程中政府透明度的建设情况。自 2011 年起，该机构开始发布研究报告。以 2016 年年度报告为例，其通过对全国 4 个直辖市、291 个地级市及 358 个县级市财政透明度情况的综合分析研究，给出各市政府在该年度财政公开情况的排序。市级政府财政透明度体系包括八大指标——公布政府的结构和职能，公布显示政府与其他公共部门的关系图，公布本年度预算内财政报告，公布政府性基金、土地出让金、债务、"三公"消费情况，公布 2015 年度预算执行情况报告，公布 2016

年度决算报告，公布 2015 年度预算会计基础及编制和介绍预算数据所使用的标准，公布预算外活动、债务、金融资产或有负债和税收支出信息等，核心在于市级政府对预算与预算执行情况，即"四本账"（公共财政、政府性基金、国有资本经营及社保基金）的公开情况。

此外，还有上海财经大学公共政策研究中心自 2009 年以来发布的涉及我国省级政府财政透明度的年度研究报告《中国财政透明度报告》，系我国首份系统研究省级政府财政透明度的报告，包括 114 个调查提纲（由 113 个项目指标和 1 个态度指标构成）；中国社会科学院法学研究所法治国情调研组每年发布的《中国政府透明度指数报告》，主要研究国务院所属的 59 个部门和 43 个较大城市，自 2011 年后又增加了 26 个省级政府的依法公开政务信息情况，三类调研分别包括 5、6、5 个部分，并给出各自排名情况。

③基于"亲""清"两个维度开展的全国性新型政商关系评估研究。

在相关报告中，最具影响力的是中国人民大学国家发展与战略研究院政企关系与产业发展研究中心发布的《中国城市政商关系排行榜（2017）》。该报告从"亲近"和"清白"两个维度出发，构建由政府对企业的关心、政府对企业的服务、企业的税费负担、政府廉洁度、政府透明度 5 个一级指标，11 个二级指标，17 个三级指标构成的评估体系，并对全国 285 个地级以上城市的新型政商关系构建情况进行评估排名，是我国第一份城市政商关系排行榜。该研究报告具有以下 3 个特色：一是其在研究框架上，首次从"亲""清"两方面对新型政商关系进行系统评价，形成对应的评价指标体系；二是在研究对象上，是国内首份专门关注政商关系的城市排行榜，更为微观和深入地探究了国内不同地区营商环境的差别；三是在数据来源上，综合使用官方数据、网络数据与企业调查数据，实现一手数据和二手数据、公开数据和独立数据、主观数据和客观数据的"三结合"，产生了较大的社会影响力。

此外，这方面研究还有国民经济研究所王小鲁团队发布的《中国分省企业经营环境指数 2013 年报告》，中国社会科学院倪鹏飞团队 2013 年发布的《中国城市竞争力报告》，中山大学发布的《中国城市政府公共服务能力评估报告》（何艳玲，2013），中国社会科学院的《中国城市基本公共服务力评价》

（侯惠勤，2013），侧重点在于城市政府提供的各类公共服务的质量，并且侧重于公民而非企业。2019年5月，中国战略文化促进会、中国经济传媒协会、万博新经济研究院和第一财经研究院联合发布了《2019中国城市营商环境指数评价报告》，从"硬""软"2个维度、7个二级指标、35个三级指标出发，对中国经济规模排名前100的城市的营商环境情况进行了评价。

(3)浙江省新型政商关系"亲清"指数的特色与创新

本研究在依托已有政商关系理论研究及习近平总书记关于新型政商关系的论述的同时，充分吸收和借鉴已有政商关系评价的优秀成果，如《中国城市政商关系排行榜(2017)》（以下简称人大版），并立足浙江省新型政商关系的现实，体现本评估工作的浙江特色，以更好地服务于浙江省新型政商关系的进一步构建。

①基于浙江实际情况设计指标。

本研究最大的特色与创新就在于，更加注重从浙江省的实际情况出发来设计指标、收集数据，力图更加真实准确地反映当前浙江省新型政商关系的情况。比如金融环境测度方面，人大版更偏重从银行间接融资方面反映，设置年末存贷款余额/GDP、银行网点数量/总人口、金融业从业人数/总人口等指标来进行测度；而本研究则结合浙江省直接融资与民间资本较为发达的现实情况，设置了私募基金公司数量/生产总值、上市公司数量/规模以上工业企业数量、私募基金公司数量/生产总值等指标加以考量。

如此设计的原因在于，截至2018年底，浙江省共有境内外上市公司500余家（其中境内429家），数量位居全国第二（按省份排名仅次于广东省）；当前杭州市有境内外上市公司178家，在全国各大城市中仅次于北京、上海、深圳，位列第四，上市公司总市值位列全国第四、省会城市第一①，其中民营企业占到约90%的比例，显示出浙江省民营企业利用资本市场、直接融资的强大能力。上市公司的融资能力与一般公司相比，不可同日而语。上市公司有着更强大的造富能力，由此衍生出大量高净值人群从事私募股权基金投资。

---

① 刘礼文:《数字经济板块的"成绩单"是优秀》,杭州日报,2019年4月24日,第A14版。

按注册地统计，浙江省私募基金管理机构的数量约为 2895 家，位列广东、上海、北京之后，管理基金规模超万亿元，位列北京、上海、广东之后，显示出浙江省强大的民间资本实力。

②提高准确度，避免模棱两可指标。

本研究的另一特色是尽量避免模棱两可指标，以提高评估准确度。比如在政府服务力方面，就不采用人大版中"市领导视察""市领导座谈"等不能确定正反的指标，而改用来自浙江省大数据发展管理局的"服务完备与准确度""服务成熟与成效度"等指标。原因在于，"市领导视察""市领导座谈"的数量显示政府对企业的重视，但并不能很好地显示政府对企业的关心，可能成为"亲近"方面的正向指标，也有可能是"清白"方面的负向指标，故本研究不予采用。自 2016 年底浙江省推行"最多跑一次"改革以来，这一面向政府自身的革命已初见成效，新型政商关系构建已取得阶段性成果。在本研究的评估指标体系中，服务完备与准确度、服务成熟与成效度二级指标下的服务方式完备度、服务事项覆盖度、办事指南准确度、在线服务成熟度、在线服务成效度等直接测度指标可以有效反映政府对企业的服务情况，并能够从浙江省大数据发展管理局获取数据，进行标准化测算，进一步保证评估结果的科学性和准确度。

③公开数据结合一手调研数据。

本研究的第三个特色是坚持公开数据结合一手调研数据的数据获取方式，特别是本研究团队长期深耕浙商研究所积累的一手调研数据。人大版指标数据基本来自公开数据（年鉴、数据库、网站等），而本评估则结合了浙江工商大学浙商研究院所做的覆盖浙江省 11 个地级市的创业调查，特别是在"亲近"指数维度中的企业活跃度、政府亲近感知度方面，浙商研究院有着丰富的数据积累。浙商研究院自 2018 年启动"浙江创业观察"调查工作（每两年一次），根据人口数量、经济发展水平对浙江省 11 个地级市进行分层分类，随机抽样获得 1860 个有效样本（调查显示，创业者人数为 982 人，占总样本人数的 52.8%），通过问卷填写获取有关浙江省创业情况的大量一手资料，直接支撑了本研究中企业活跃度和政府亲近感知度 2 个一级指标。需要说明的是，2020 年受新冠疫情影响，大规模的实地"浙江创业观察"调查工作被迫中断，我们在 2020 年和 2021 年的评价依旧沿用 2018 年的调查数据;2022 年,浙商研究院启动了覆盖 11 个地级市的"2022 年度浙江省亲清政商关系调查研究"①,该调查以线上调查为主、线下调查为辅,共计完成覆盖 11 个地级市的 1092 份有效问卷取样,取得了较大规模的调查样本。 本研究采用这种更加直接的方式深入观察浙江省现实情况而获得的一手数据,可以更好地反映当前浙江省新型政商关系构建的基本情况。

1.3　浙江省新型政商关系评估的现实意义

1.3.1　浙江省新型政商关系评估问题的提出

2016 年 3 月 4 日习近平总书记在看望参加全国政协十二届四次全议的民建、工商联委员并参加联组会时,提出了新形势、新条件下政府官员和非公有制经济人士互动交往的新要求、新希望,并将其概括为"亲""清"政商关系。此后,这就成为中国特色社会主义市场经济建设和社会主义现代化建设过程中政府官员和非公有制经济人士互动交往的指南,具有深刻的理论与现实意义。 党的十九大报告提出:"构建亲清新型政商关系,促进非公有制经济健康发展和非公有制经济人士健康成长。"2018 年 11 月 1 日,习近平总书记在民营企业座谈会上再次指出,要坚持"两个毫不动摇"和构建"亲清"新型政商关系,并要求各级党委和政府要把构建"亲清"新型政商关系的要求落到实处,把支持民营企业发展作为一项重要任务。 近年来的政府工作报告也都提出要激发市场主体活力,着力优化营商环境,让企业家安心搞经营、放心办企业。

浙江省作为民营经济大省,省委、省政府一直秉持"民营经济强则浙江强,民营经济好则浙江好"的理念,高度重视构建"亲清"新型政商关系,重视民营经济发展和优化营商环境。 2016 年,浙江省委办公厅、省政府办公厅

---

① 该调查研究的调查年份为 2022 年,调查数据主要是 2021 年的数据。

印发《关于构建新型政商关系的意见》，提出 9 项举措加快构建新型政商关系。 2017 年 11 月第四届世界浙商大会开幕会上，时任省委书记车俊指出，要积极构建"亲清"新型政商关系，做到工作到位、政策到位、服务到位、关爱到位，传承"亲商、安商、富商"传统，着力打造最佳营商环境；以"最多跑一次"改革为切入口，营造有利于干事创业的优质环境；营造风清气正的良好环境；保护产权，破解要素制约，营造企业健康发展的社会氛围。 2018 年 7 月，省委十四届三次全会审议通过了《中共浙江省委关于推进清廉浙江建设的决定》，进一步提出搭建政商沟通交流平台，优化亲商、安商、富商的营商环境。 在 2018 年 12 月 26 日的省委经济工作会议上，时任省委书记车俊与民营企业家座谈，在听取相关发言后，提出深化落实习近平总书记关于支持民营企业发展的六方面政策举措，并要求各地各部门要深入贯彻落实中央经济工作会议精神，按照省委、省政府的决策部署，坚定不移地把民营经济做强做优，落实好构建"亲清"新型政商关系的要求。

而如何将浙江省这一系列落实中央部署要求的举措成效进行系统化、直观化、数据化反映，还需要借助统计指数这一有力工具。 一来，只有通过构建综合评价指标体系，才能科学评估近年来浙江省各地在"最多跑一次"改革、"清廉浙江"、"梧桐行动"、"凤凰工程"等工作的促进下构建亲清新型政商关系的情况，并找到现存的相关问题，进一步优化营商环境；二来，在现行体制下，没有评价体系就无法推动考核，没有考核压力，就难以推进新型政商关系的落地(杨卫敏，2018)，且难以通过总结经验及分析问题，推动其持续改善。 因此，我们认为，推动浙江省新型政商关系评估工作，旨在解决以下几个科学问题：当前浙江省整体营商环境的情况如何？ 各地区的情况如何？ 进行横向比较的差异在哪里？ 根据评估工作的结果，各地区未来进一步优化营商环境的方向和着力点在哪里？

浙江工商大学浙商研究院是浙江省首批新型重点专业智库之一，长期致力于政商关系研究，且承担教育部重大课题攻关项目"新型政商关系研究"。依托浙江工商大学的经济学、统计学、法学等学科优势，浙商研究院、大数据与统计指数研究院、教育部重大项目"新型政商关系研究"课题组系统推进新型政商关系研究。 经过长期研究、多方征求意见，我们构建的新型政商关系

"亲清"指数评价体系,成为全国首个省域范围内开展新型政商关系评估的试验性"体检报告"。该指数以地级市为单位,通过浙商研究院所做的 1860 份样本调查,按浙江省 11 个地级市人口比例取得 982 个创业者样本作为一手资料,配以大量客观二手数据,对浙江省 11 个地级市的政商关系进行评估分析,旨在观察、提炼浙江省改革的先行经验,查摆问题,靶向施策,更精准地服务企业,促进亲清新型政商关系的构建,努力把浙江建成非公有制经济健康发展的标杆省份。

1.3.2 浙江省新型政商关系评估的现实价值

对浙江全省开展新型政商关系系统性评估工作,有以下四点现实价值。

(1)有利于系统反映当前浙江省各地级市新型政商关系构建的情况,发挥"晴雨表"作用

依托已有新型政商关系方面的研究,借助统计指数这一有力的工具,可以更加科学、直观地展现当前浙江省各地区新型政商关系构建的基本情况,发挥"晴雨表"作用,并做好这项工作的"四化"(细化、深化、持续化、动态化):进一步细化指标体系,调整优化组合;进一步深化评估对象,争取更大更广的覆盖面;进一步将评估工作持续化,做到纵向可比较、可查阅;进一步动态化展示,发布评估月报、季报、年报,构建指数数据库以支撑未来长期的评估工作。

(2)有利于合理补充当前地方政府部分考核指标,推动营商环境优化政策的落地与持续改进

如果该项评估工作得到浙江省各级党委、政府的大力支持,并在未来逐步纳入"清廉浙江"等系统建设工程中,则可以从侧面对其发挥一定的支撑作用,进而将该评估结果纳入地方政府部分考核指标,并试点"红黄绿"牌动态评价。这样,一方面有助于浙江省推动营商环境优化的落地与持续改进,另一方面有助于保障评估工作排除干扰,长期有序地推进。

(3)有利于准确提供当前民营企业投资布局"地图",做好服务民营经济发展和做强做优

营商环境早已成为企业，特别是民营企业投资布局的重要考虑因素。 通过长期的新型政商关系评估，可以反映出较为稳定可靠的各地方营商环境状况，为民营企业提供一张科学的投资布局"地图"。 一方面助力企业进行更加优化合理的投资布局，另一方面为各地区的招商引资工作提供便利条件和努力方向，更好地为民营经济发展和做强做优服务。

(4)有利于科学构建浙江省新型政商关系的实证研究平台,提升当前浙江省新型政商关系的研究水平

通过长期系统的浙江省新型政商关系评估工作，将积累起丰富的研究数据资源和相关数据库，为浙江省新型政商关系研究提供重要的实证研究支撑平台。 比如浙江工商大学承担的教育部重大攻关课题"新型政商关系研究"，就已经衍生出多个政商关系方面的国家级、省部级重要研究项目，在评估工作中获取的数据资源的支持下，将会涌现出更多、更优秀的研究成果，促进当前浙江省新型政商关系研究水平的提升。

2

新型政商关系"亲清"指数指标体系构建

2.1　指标体系及说明

2.1.1　指标体系构建

政商关系的测度是一个复杂的系统工程，而评价指标体系的构建是完成整个工程的基础。在实际运用中，多数评价指标的数据难以获得，决策者往往陷入指标体系科学完整性与实证分析可行性的两难境地。因此，本研究首先着眼于浙江省，参考国内外已有研究，并通过专家咨询等形式，构建了浙江省"亲清"政商关系的测度指标体系。浙江省"亲清"政商关系分为"亲近"政商关系和"清白"政商关系2个子系统。"亲近"政商关系将从政府对企业的服务、政府对企业的支持、企业的活跃度、政府亲近感知度4个方面来测度，"清白"政商关系将从政府廉洁度、政府透明度、政府清廉感知度3个方面来测度。具体二级指标和三级指标如表2-1和表2-2所示。

表 2-1　浙江省新型政商关系评估指标体系("亲清"指数)——"亲近"指标

一级指标 (权重)	二级指标 (权重)	三级指标(权重)	数据来源
政府对企业 的服务(0.3)	服务完备与准确 度(0.5)	服务方式完备度(0.33)	课题组调查数据
		服务事项覆盖度(0.33)	
		办事指南准确度(0.33)	
	服务成熟与成效 度(0.5)	在线办理成熟度(0.5)	
		在线服务成效度(0.5)	
政府对企业 的支持(0.4)	基础环境(0.3)	单位生产总值财政支出(0.33)	浙江省统计年鉴 等公开数据
		科技财政支出/公共财政支出(0.33)	
		数字基础设施建设水平(0.33)	
	金融环境(0.35)	年末存贷款余额/生产总值(0.33)	中国城市统计年 鉴等公开数据
		私募基金公司数量/生产总值(0.33)	
		上市公司数量/规模以上工业企业数量 (0.33)	
	税赋环境(0.35)	规模以上工业主营业务税金及附加/工业 总产值(0.5)	浙江省统计年鉴 等公开数据
		规模以上工业本年应交增值税/工业总产 值(0.5)	
企业活跃度 (0.2)	企业活跃度(1)	新增企业增长率(1)	浙江省市场监督 管理局发布报告
政府亲近感 知度(0.1)	企业对政府亲近 的感知度(1)	企业对政府亲近的感知度(1)	浙商研究院调查 数据

表 2-2　浙江省新型政商关系评估指标体系("亲清"指数)——"清白"指标

一级指标 (权重)	二级指标(权重)	三级指标(权重)	数据来源
政府廉洁度 (0.5)	干部清正(1)	机关事业单位每万人被查处 官员及违纪违规数量(1)	中央、省、市纪委监委官方 网站
政府透明度 (0.3)	信息公开度(0.5)	信息依申请办结情况(1)	各地级市政府信息公开年报
	财政透明度(1)	财政透明度(1)	清华大学《2021 年中国市级 政府财政透明度研究报告》
政府廉洁感 知度(0.2)	企业对政府廉洁的 感知度(1)	企业对政府廉洁的感知度(1)	浙商研究院调查数据

2.1.2 指标说明

(1)"亲近"指标

①政府对企业的服务。

在"政府对企业的服务"一级指标之下,设置 2 个二级指标,分别是"服务完备与准确度"和"服务成熟与成效度"。 服务完备与准确度指的是政府对企业的服务事项的覆盖情况和办事指南准确度情况,主要从服务方式完备度、服务事项覆盖度和办事指南准确度 3 个方面来进行评估。 服务成熟与成效度指的是政府对企业的办事事项流程的完整度和办事的效率情况,主要从在线办理成熟度、在线服务成效度 2 个方面进行评估。 我们利用浙江省人民政府办公厅的数据来测度浙江各地级市的信息公开情况。

服务方式完备度主要评估各设区市网站相关栏目和浙江政务服务网各设区市主页是否在保障数据源唯一的原则下同源发布服务信息,浙江政务服务网各设区市主页与各设区市门户网站的融合度,以及各设区市移动应用与浙江政务服务网 App 对接整合情况。 服务方式完备度评价指标主要从服务平台规划设计和多渠道服务 2 个方面来衡量,主要指标是服务数据同源性、服务入口和移动端应用服务。

服务事项覆盖度评估的是事项清单公布情况和办事指南发布情况,主要以《国务院关于取消一批行政许可事项的决定》(国发〔2017〕46 号)为基准,测评相关设区市被国务院取消的前述审批事项是否在其设区市网站、浙江政务服务网同步取消;评估纳入行政权力清单的行政权力事项(9+X)办事指南发布情况;评估公共服务事项指南发布情况。

办事指南准确度从办事的基本信息、申请材料、办理流程、表格及样表下载、收费信息、服务可用性及信息准确性 7 个方面来评价。 在基本信息方面,主要评估是否明确标注了所属事项的相关信息,包括事项类型、办理对象、法定期限、办理地点、受理的时间周期、监督电话及办理依据的法律法规等。 在申请材料方面,主要评估是否明确注明了办理该事项所需材料的名称、数量、来源等,包括受理所需的材料名称且材料名称不存在有歧义的描述，所需材料的来源、数量及介质要求。 在办理流程方面，主要评估流程环节的完备性、内容翔实性、到办事现场的次数等。 在表格及样表下载方面，主要评估是否有提供空表和样表下载及其表格的准确性。 在收费信息方面，主要评估是否明确标注所需费用、收费标准及相关的收费依据。 在服务可用性方面，主要评估服务网站中是否存在无法下载的附件地址、无法显示流程图，网上办事链接的可用性等。 在信息准确性方面，评估的主要是在政务服务网发布的信息中是否存在错别字。

在线办理成熟度从在线办理程度、在线服务关键保障技术成熟度、共享应用情况、基础设施整合、政务钉钉系统实施情况、行政处罚运行系统使用及处罚结果公开情况、基层治理"四个平台"信息化建设情况 7 个方面来评价。在在线办理程度方面，主要评估实现四星、五星办事事项的情况和实现"最多跑一次"事项的数量。 在在线服务关键保障技术成熟度方面，主要评估网站单点登录情况、电子签章系统应用情况、"最多跑一次"事项相关行政许可事项的文件材料电子化归档情况。 在共享应用情况方面，主要评估各设区市依托省公共数据共享平台，为"最多跑一次"改革数据共享而调用其他单位数据的总量及减少"最多跑一次"办事事项所需材料的情况。 在基础设施整合方面，主要评估各地区电子政务云平台建设与应用情况，视联网建设规模及使用情况，本级专网迁移计划的合理性，本级互联网出口整合计划的合理性。 在政务钉钉系统实施情况方面，主要评估是否按照《浙江省人民政府办公厅关于开展政务移动办公系统建设的通知》（浙政办发函〔2017〕20号）要求完成合同签订、项目验收工作，以及注册政务钉钉的人数、激活率和活跃率。 在行政处罚运行系统使用及处罚结果公开情况方面，主要评估处罚事项三级目录、事项梳理完成的情况，处罚裁量梳理的情况，处罚事项办理情况及处罚结果公开情况。 在基层治理"四个平台"信息化建设情况方面，主要评估基层治理信息系统和省业务协同平台集成对接情况，包括是否完成统一用户、统一业务协同、统一 App 入驻等信息，网格工作人员对辖区内事件的掌握情况，对辖区内事件的解决是否及时，对辖区内人口、组织机构等动态基础数据的采集情况，以及成功注册并绑定政务服务网公务账号的用户总数。

②政府对企业的支持。

政府支持是政府部门为了宏观经济发展或者经济调控目标而制定的各项政策法规以及资源补贴的总称。 政府支持是企业外部最复杂和最重要的影响因素。 政府支持主要包括技术创新政策、"放管服"改革、金融政策、税收优惠、财政补贴、政府采购、知识产权保护、科技项目规划、创新环境等（赵岩，2018）。 Manuel（2002）提出，政府支持将成为企业经营发展的"重要武器"，企业可利用政府为其创造的有利环境更好地发展。 政府对企业的支持是新型政商关系"亲近"层面的一个重要维度。 聂辉华（2018）认为，在政府对企业的亲近层面，应当主要关注政府的亲商政策，这主要反映了国务院原总理李克强指出的"要以简政减税降费为重点进一步优化营商环境"。 我们重点关注 3 个二级指标，分别是基础环境、金融环境和税赋环境。

基础环境指标衡量政府财政支出对地区经济的贡献以及地区数字基础设施建设情况，主要从单位生产总值财政支出、科技财政支出/公共财政支出、数字基础设施建设水平 3 个方面进行衡量。 单位生产总值财政支出是基础环境的首要指标。 经济学瓦格纳定律是指随着经济的增长，公共开支的份额会随之增大，而且公共开支增长幅度要大于经济增长幅度。 地方政府财政支出对于经济的贡献，既衡量了当地实体经济发展结果，也是政府主导的支持企业发展的一个体现。 科技财政支出/公共财政支出是指各地级市为支持科技活动而安排的经费支出占公共预算支出的比重，衡量各地级市对科技活动的支持力度，是基础环境的重要组成部分。 这里的财政科技支出不仅用于支持研究与试验发展活动，也用于地震、环保、科普等方面的公益性科技活动，以及推动科技成果产业化。 数字基础设施建设是优化传统产业、催生新兴产业的重要手段，是推动企业抓住数字时代的发展机遇，规避风险、乘风而上的重要保障。 具体而言，数字基础设施建设水平包括各地级市移动电话用户数、电信业务总量以及宽带接入数等互联网主要发展指标。

金融环境指标衡量地区金融发展水平。 现实中由于民间资本固有的缺陷，银行对其贷款存在抵押担保难、跟踪监督难和债权维护难等问题，融资困难始终是困扰我国民间资本发展的一个重要问题。 而政府可以通过金融机构拓宽民间资本融资渠道，为民间投资创造公平的融资环境。"金融环境"分为间接融资、直接融资和民间资本 3 个维度；其中间接融资使用"年末存贷款余额/生产总值"指标。 我国企业的外部融资主要依赖信贷支持等间接融资方式，而政府支持是国家战略的风向标，它可提升企业的外在形象，提高企业在金融机构的评分层级，是降低贷款难度、克服资金瓶颈的有效手段（李笑等，2019）。 直接融资使用"上市公司数量/规模以上工业企业数量"指标；民间资本维度则使用"私募基金公司数量/生产总值"指标。

税赋环境指标衡量各地级市企业税收负担水平及政府对高新企业的减免税支持，自在全国范围内全面推广营业税改征增值税试点后，增值税将在企业的总税赋中占到更大的比例。 降低流转税负是提升小微企业市场竞争力的有效方法，可以使其产品较同类产品具有更低的销售价格；同时，降低流转税负将减少对小微企业经营性资金的占用，降低小微企业融资需求（汪笛晚，2017）。 增值税是流转税的一种，我们认为，"规模以上工业本年应交增值税/工业总产值"可以反映一个地区工业企业主要的增值税税赋情况。 主营业务税金及附加的核算内容主要包括企业缴纳的企业经营活动发生的营业税、消费税、城市维护建设税、资源税和教育费附加等相关税费。 因此，"规模以上工业主营业务税金及附加/工业总产值"可以反映一个地区工业企业缴纳营业税、消费税等主要税种的税费情况。 两个指标放在一起，可以在总体上反映一个地区工业企业的税赋情况。

③企业活跃度。

在"企业活跃度"一级指标之下，设置 1 个二级指标"企业活跃度"。"企业活跃度"二级指标下设有"新增企业增长率"作为三级指标。"新增企业数量"使用浙江工商大学浙商研究院已有调查数据；我们将接受调查者划分为三类来衡量，即初生创业者比例、新企业创业者比例和已有企业创业者比例。 其中，我们着重讨论初生创业者比例和新企业创业者比例。 此次的报告数据使用了 2018 年我们对浙江 11 个地级市 18—64 岁常住居民的调查。 我们采用抽样方式，采用分层随机抽样，根据人口数量、经济发展水平对 11 个地级市进行分层分类。 本研究根据成人随机抽样调查所获得的 1860 个有效样本，对浙江新创企业数量进行评估分析。 对企业活跃度的计算方法如下：创业活跃度＝（初生创业者人数＋新企业创业者人数）/被调查总人数，所得数据再转化为百分制得分。

规模以上工业企业，是年主营业务收入为 2000 万元及以上的工业法人单位。 规模以上工业企业数量能否反映一个地区民营企业活跃度，可能存在不同的观点。 从统计学角度来看，有多种因素影响统计数据。 比如，可能存在报告期数据与上年公布的同指标数据之间存在不可比因素；也可能是因为统计局加强统计执法，剔除了跨地区跨行业重复统计数据，以及"营改增"政策实施后，有些工业企业逐步将内部非工业生产经营活动剥离，转向服务业，使工业企业财务数据有所减少，导致工业企业数量有所减少，影响统计结果(STATS，2018)。 但课题组认为，这个指标能够作为客观反映民营企业活跃度的指标之一，进而反映一个地区政商关系的健康程度。

④政府亲近感知度。

政府亲近感知度是"亲清"指标的重要组成。 政府亲近感知度计算方法如下：政府亲近感知度＝1－［各选项人数总和/(被调查人数×8)］，所得数据再转化为百分制得分。

(2)"清白"指标

①政府廉洁度。

习近平总书记曾用"干部清正、政府清廉、政治清明"来形容科学有效的腐败防治体系。 在论述"亲清"政商关系中，他进一步强调，所谓"清"，就是官员同民营企业家的关系要清白、纯洁，不能有贪心私心，不能以权谋私，不能搞权钱交易。 干部清正，无疑是构建新型政商关系的核心。 在我们的指标设计中，用一个地区被中央、省、市纪检监察部门通报的违纪违法官员数占该地区机关和事业单位年末就业人员数的比例来测评该地区的干部清正程度。

政府廉洁度是"清白"指标的重要组成，以"干部清正"这个二级指标为观测维度，统计各地级市被中央、省、市纪委监委通报的违纪官员数占机关事业单位就业人员数的比率。"干部清正"二级指标下设置"机关事业单位每万人被查处官员及违纪违规数量"三级指标。 该项三级指标的数据主要通过检索中央纪委国家监委、浙江省纪委省监委、11 个地级市纪委监委官方网站上

"审查调查""纪律审查""曝光台"等栏目进行统计分析。

需要说明的是,一个地区官员被查处的数量反映的是一个地区的反腐败程度还是政府廉洁程度,可能会存在不同的观点,从不同的维度来观测,这既是一个腐败指标,也是一个反腐败指标。在评估中,课题组认为,这个指标能够从一个维度反映政府廉洁度,进而反映一个地区政商关系的"清白"程度。

第一,用被查处官员比例来衡量政府廉洁度,其客观性的前提是,各地区在反腐败力度方面不存在系统性差异,而理论上,所评测的行政区域范围越小,地区差异就越不明显。本研究的评估对象集中在浙江省域范围内,在省委、省纪委监委的统一部署下,各地级市纪委监委在反腐败常态工作和专项工作方面均开展了行之有效的行动,尽管地区间差异仍然存在,但形成了力度较为均衡、尺度较为统一的反腐败工作态势。

第二,廉洁程度和反腐败力度并非不兼容,反之,一个地区被查处的官员数量越多,也不能得出该地区政府廉洁程度越高这一结论。

②政府透明度。

政府透明度指标依据清华大学公共管理学院发布的《2021 年中国市级政府财政透明度研究报告》以及浙江省各地级市人民政府办公室发布的《2021 年政府信息公开工作年度报告》,从政府信息公开和财政透明两个角度来分析。

③政府廉洁感知度。

政府廉洁感知度是"清白"指标的重要组成。在"政府廉洁感知度"一级指标之下,设置"企业对政府廉洁的感知度"二级指标。政府廉洁感知度计算方法如下:政府廉洁感知度=1-[各选项人数总和/(被调查人数×8)],所得数据再转化为百分制得分。

2.2　指标计算方法与过程

本研究采用最基本、最直观、最能够体现综合评价的主观认识属性的评价模型——效用函数平均法。这种方法不仅能具体分析不同地区的新型政商关

系"亲""清"的不同层面的情况,还能综合分析新型政商关系"亲""清"的总体情况。 具体操作步骤为:

第一,将每一个指标按一定的形式转化为评价当量值;

第二,采用一定的统计合成模型计算总评价值。 计算方式如下:

假设记第 i 个地区(共 n 个地区)第 j 个评估子系统(共 m 个子系统,本研究中 $m=6$)的第 k 个指标(共 p 项指标)的实际值为 y_{ijk} 。 其中, $i=1$,2 , $\cdots$, n ; $j=1$, 2 , $\cdots$, m ; $k=1$, 2 , $\cdots$, p_j 。 子系统内各指标权重为 w_{jk} ,且 $\sum\limits_{k=1}^{p_j} w_{jk} = 1$ 。 各子系统之间的权重分配系数为 w_j ,且 $\sum\limits_{j=1}^{m} w_j = 1$ 。

$f_{jk}(j = 1, 2, \cdots, m; k = 1, 2, \cdots, p_j)$ 为单项指标无量纲化函数(效用函数或当量函数)。 ϕ_j 为第 j 个子系统内部的合成模型, ϕ_0 为总目标合成模型。

先计算无量纲化值: $z_{ijk} = f_{jk}(y_{jk})$ 。

再计算各系统内部的合成值: $z_{ij} = \phi_j(z_{jk}, w_{ijk})$ 。

最后计算总系统的合成值:

$$z_i = \phi_0\{\phi_j[f_{jk}(y_{ijk}), w_{jk}], w_j\}(i = 1, 2, \cdots, n; j = 1, 2, \cdots, m;$$
$$k = 1, 2, \cdots, p_j) \hspace{2cm} (2\text{-}1)$$

以上即一种基于分层组合评价思想的效用函数平均法评价模型,其中有 3 个关键因素决定了最后的评价结论,分别为单项指标无量纲化法 $f_{jk}(j = 1, 2, \cdots, m; k = 1, 2, \cdots p_j)$,每项指标及子系统的权重 $w_{jk}(j = 0, 1, \cdots, m; k = 1, 2, \cdots, p_j)$,加权合成模型 ϕ_j 。

2.2.1 指标数据无量纲化方法

指标同度量化就是将每一个评价指标按照一定的方法量化,消除因为单位不同导致的数值变化,让其成为对评价问题测量的一个量化值,即效用函数值。

从理论上说,可作为同度量化的具体方法有综合指数法、均值化法、标准化法、比重法、初值化法、功效系数法、极差变化法等。 一般来说,只要单项指标的取值区间与取值点的物理含义明确,综合评价的结果是比较好理解和解释的。 在众多方法中,综合指数法不仅简单,而且含义更直观,包含绝对目标的相对实现程度。同时，方法的复杂性与评价结论的合理性并无必然关系。因此本研究将采用综合指数法，综合指数法同度量化的一般计算公式为：

$$z_{ijk} = \begin{cases} 100 \times y_{ijk} / y_{jkB} （正指标） \\ 100 \times y_{jkB} / y_{ijk} （逆指标） \end{cases} \quad （2\text{-}2）$$

式中，z_{ijk} 为第 i 单位第 j 子系统的 k 指标的单项评价分数，y_{ijk}，y_{jkB} 分别为第 j 指标的实际值与标准值。当实际值等于标准值时，单项指数等于 100；当实际值高于标准值时，单项指数大于 100；当实际值低于标准值时，单项指数小于 100。对于适度指标，则先通过单向化处理再用上述公式做无量纲化处理，或采取分段函数做无量纲化处理。

根据综合指数法的计算公式，确定标准值是该方法的关键。实际中常用的标准值有最大值、最小值、算术平均值、变量总值、环比速率、历史标准值、经验标准值等。由于本研究涉及的指标数据来自 2018 年的调查数据，还未进行调查更新，而实际又需要固定标准值，因此，本研究可以将标准值设为各变量的平均值、发展目标值或最优值等。

2.2.2 权重确定

在整个评价指标体系中，各个指标的作用和重要性都是不同的，因此需要设定权重来反映各指标的相对重要性和作用。目前统计学领域中存在多种方法确定权数，有主观和客观权重之分。主观权重确定方法中比较科学的是基于专家系统的 AHP（Analytic Hierarchy Process）构权法，即专家 AHP 法。

AHP 构权法，即层次分析法，它把一个复杂的决策问题表示为有序的递阶层次结构，通过人们的比较判断，计算各种决策方案在不同准则及总准则之下的相对重要性程度，从而据此对决策方案的优劣进行排序。其在构造统计权数方面的应用十分广泛，是比较有效的构权方法之一。AHP 构权法的构权过程如下：

第一，选 m 位专家组成员，要求各成员对此研究领域比较熟悉且能够理解 AHP 构权法的操作思路，能够较为准确地判断在综合评价过程中不同指标之间重要性的差异。

第二，用 AHP 构权法构造各子系统下各指标重要性两两比较的比例判断矩阵。对于某一个有 p 项指标的子系统，第 k 位专家所给出的比例判断矩阵记为 $A(k)$，即

$$A(k) = \begin{bmatrix} a_{11(k)} & a_{12(k)} & \cdots & a_{1p(k)} \\ a_{21(k)} & a_{22(k)} & \cdots & a_{2p(k)} \\ \vdots & \vdots & \vdots & \vdots \\ a_{p1(k)} & a_{p2(k)} & \cdots & a_{pp(k)} \end{bmatrix}, \quad k = 1, 2, \cdots, m \quad (2\text{-}3)$$

第三，计算平均合成矩阵 $\overline{A} = (\overline{a_{ij}})_{p \times p}$，式中 $\overline{a_{ij}} = \frac{1}{m} \sum_{k=1}^{p} a_{ij(k)}$（$i, j = 1, 2, \cdots, p$）。

第四，计算基于平均矩阵的重要性权向量 w，$w = (w_1 \quad w_2 \quad \cdots \quad w_p)^T$，$w$ 的计算方法很多，在判断一致性较高的情况下，不同方法之间的差异极小。本研究采用行和法确定权向量，即 $w = \sum_{j=1}^{p} \overline{a_{ij}} / \sum_{h=1}^{p} \sum_{j=1}^{p} \overline{a_{hj}}$。

第五，计算一致性比率 CR，对判断矩阵的一致性进行检验，判断专家选取的权重的合理性。$CR = \frac{CI}{RI}$，$CI = \frac{\lambda_{\max} - p}{p - 1}$，$\lambda_{\max} = \frac{1}{p} \sum_{i=1}^{p} \frac{(\overline{A}w)_i}{w_i}$，

$$\overline{A}w = \begin{bmatrix} \overline{a_{11}} & \overline{a_{12}} & \cdots & \overline{a_{1p}} \\ \overline{a_{21}} & \overline{a_{22}} & \cdots & \overline{a_{2p}} \\ \vdots & \vdots & \vdots & \vdots \\ \overline{a_{p1}} & \overline{a_{p2}} & \cdots & \overline{a_{pp}} \end{bmatrix} \begin{bmatrix} w_1 \\ w_2 \\ \vdots \\ w_p \end{bmatrix} \text{。}$$

其中，CI 为一致性指标，RI 为随机一致性，可查表获得。当 $CR \leqslant 10\%$ 时，即认为判断是一致的，所构权向量是合格的。经过多轮专家咨询，在 AHP 构权法构建的判断矩阵的基础上进行平均，最后导出权值体系，得出所有 CR 均符合要求的结果。

2.2.3 "亲清"指数合成方法

加权合成模型为 $\phi_j (j = 0, 1, 2, \cdots, m)$，$\phi_0$ 表示总目标合成模型，其余为子系统内部合成模型，考虑到实际评价工作的现实可操作性与可直观理

解性及所选指标的特点，本研究采用普通加权算术合成方式计算合成值，表达式为：

$$z_{ij} = \sum_{k=1}^{p_j} (z_{ijk} \times w_{jk}) / \sum_{k=1}^{p_j} w_{jk} (i = 1, 2, \cdots, n; j = 1, 2, \cdots, m) \quad (2-4)$$

2.3　总体指数排名

本研究利用上述综合评价方法对浙江省 11 个地级市的新型政商关系"亲清"指数的各个构成指标进行了测算，具体测算结果及排名如表 2-3、表 2-4 和表 2-5 所示。同时，本研究进一步对浙江省 11 个地级市的政府与企业的"亲清"关系进行了综合评价分析：一方面总体分析了各地级市政府与企业的"亲清"关系程度情况；另一方面具体分析了各地级市影响政府与企业的"亲清"关系的指标情况。

表 2-3　浙江省 11 个地级市新型政商关系"亲清"指数计算结果及排名

地级市	"亲清"指数	排名
杭州	78.4	1
宁波	77.0	5
温州	73.5	7
嘉兴	77.8	2
湖州	69.0	10
绍兴	77.2	4
金华	77.6	3
衢州	74.9	6
舟山	65.6	11
台州	73.1	8
丽水	69.1	9

表 2-4　浙江省 11 个地级市新型政商关系"亲近"指数计算结果及排名

地级市	"亲近"指数	排名
杭州	80.8	1
宁波	75.8	3
温州	70.9	5
嘉兴	69.8	8
湖州	69.9	7
绍兴	68.0	11
金华	78.4	2
衢州	72.4	4
舟山	68.5	10
台州	70.5	6
丽水	69.2	9

表 2-5　浙江省 11 个地级市新型政商关系"清白"指数计算结果及排名

地级市	"清白"指数	排名
杭州	76.1	7
宁波	78.2	3
温州	76.1	6
嘉兴	85.9	2
湖州	68.2	10
绍兴	86.4	1
金华	76.7	5
衢州	77.3	4
舟山	62.7	11
台州	75.7	8
丽水	69.0	9

3

浙江省新型政商关系的"亲近"指数

3.1 浙江省新型政商关系政府对企业的服务分析

3.1.1 浙江省政府对企业的服务评估结果分析

(1)政府对企业的服务指标总体评估分析

根据 2021 年数据的测算结果,浙江省政府对企业的服务指数平均值为 89.5,相比上一年上升了 2.11%,表明浙江省政府对企业的服务水平在总体上有所提高。 各地级市政府对企业的服务水平差距进一步缩小,政府对企业的服务指数的变异系数降至 0.03。 在浙江省 11 个地级市中,政府对企业的服务指数在 90 及以上的有 5 个,较之前有所增加;指数在 95 及以上的只有绍兴市,处于第一梯队;指数在 90—95 之间的是衢州市、温州市、金华市和湖州市,处于第二梯队;其余地级市指数在 85—90 之间,包括台州市、嘉兴市、舟山市、宁波市、杭州市和丽水市,处于第三梯队。[①] 从 11 个地级市的排名结果来看,排名前三位的是绍兴市、衢州市、温州市,指数分别为 96.1、

---

① 文中区间划分如 85—90,包括下限不包括上限,全书同。

92.0、90.9；排名末两位的是杭州市和丽水市，指数分别为 86.9 和 86.6，如图 3-1 所示。

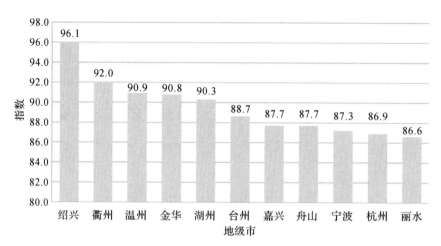

图 3-1　2021 年浙江省 11 个地级市政府对企业的服务指数情况

由此可知，整体来讲，2021 年全省政府对企业的服务水平进一步提高，且 11 个地级市的政府服务水平均有所提高，差距较小，表明全省各地级市政府都积极推行国家的政策方针，加快深入推进政务服务，大力改善企业的营商环境，为企业办事提供更高效的服务。

（2）分指标情况说明

政府对企业的服务指标包含服务完备与准确度指标和服务成熟与成效度指标。从计算结果来看，2021 年浙江省政府对企业的服务完备与准确度指数的平均值为 89.9，离散系数为 0.03；全省政府对企业的服务成熟与成效度指数的平均值为 89.1，离散系数为 0.03。由此可知，在政府对企业的服务方面，全省服务完备与准确度水平略高于服务成熟与成效度水平，且地区间差异较大，表明全省 11 个地级市政府对于企业在服务成熟与成效度方面存在较大的差距。下面就政府对企业的服务的 2 个二级指标进行具体分析。

①服务完备与准确度。

在服务完备与准确度方面，浙江省 11 个地级市的服务完备与准确度指数平均值为 89.9，变异系数为 0.03。根据全省 11 个地级市的计算结果，可以发现，5 个地级市的服务完备与准确度指数在 90 及以上，占比为 45.5％；其他地级市的指数均在 86 以上，占比为 54.5％。 其中，服务完备与准确度指数达到 95 的是绍兴市，处于第一梯队；指数在 90—95 之间的有 4 个地级市，分别为衢州市、金华市、温州市和湖州市，处于第二梯队；指数在 85—90 之间的地级市分别是台州市、宁波市、嘉兴市、舟山市、杭州市和丽水市，处于第三梯队，如图 3-2 所示。 由此可知，浙江省政府对企业的服务完备与准确度总体水平较高，绍兴市和衢州市居全省领先地位，其他地级市则需要进一步提高政府对企业的服务完备与准确度。

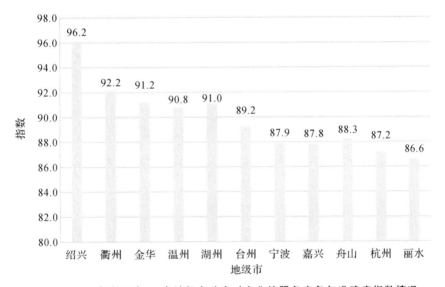

图 3-2　2021 年浙江省 11 个地级市政府对企业的服务完备与准确度指数情况

　　服务完备与准确度指标主要由服务方式完备度、服务事项覆盖度和办事指南准确度 3 个指标构成。 因此，本研究将进一步分析全省 11 个地级市在服务方式完备度、服务事项覆盖度和办事指南准确度方面的情况。 浙江省 11 个地级市的服务方式完备度指数平均值为 90.1，变异系数为 0.03；服务事项覆盖度指数平均值为 89.6，变异系数为 0.03；办事指南准确度指数平均值为 89.6，变异系数为 0.03。 通过对比可知，总体来讲，浙江省政府对企业的服务方式完备度最高，其次是办事指南准确度。

　　在服务方式完备度方面，浙江省 11 个地级市中，服务方式完备度指数在 90 及以上的城市有 5 个，占比为 45.5％；其他地级市指数在 85—90 之间。 其中指数最高的是绍兴市,为 96.4,第二名、第三名分别是衢州市和金华市,指数分别为 92.8 和 92.0,可以看出,这 3 个地级市政府对企业的服务方式较为完备。 排名靠后的是舟山市、杭州市和丽水市,其服务方式完备度指数分别为 87.8、87.6 和 86.3。 从梯队来看,服务完备与准确度指数达到 95 的是绍兴市,处于第一梯队;指数在 90—95 之间的分别为衢州市、金华市、温州市和湖州市,处于第二梯队;指数在 85—90 之间的地级市分别是台州市、宁波市、嘉兴市、舟山市、杭州市和丽水市,处于第三梯队,如图 3-3 所示。 由此可知,浙江省 11 个地级市的服务方式完备度存在较大差距,绍兴市、衢州市和金华市的服务方式完备度较高,而舟山市、杭州市和丽水市则需要大力提高服务方式完备度。

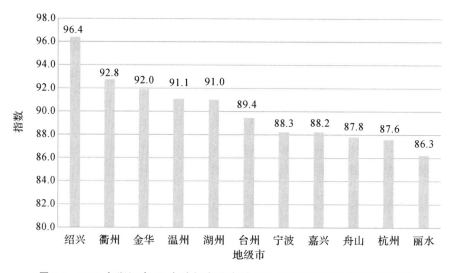

图 3-3 2021 年浙江省 11 个地级市政府对企业的服务方式完备度指数情况

在服务事项覆盖度方面,全省有 5 个地级市的服务事项覆盖度指数在 90 及以上,占比为 45.5%。 其中指数最高的是绍兴市,为 96.1,第二名、第三名分别是衢州市(91.8)和金华市(91.4)。 可以看出,这 3 个地级市的政府对企业的服务事项覆盖度水平较高。 其他地级市的服务事项覆盖度指数均在 85—90 之间,分别是台州市、宁波市、嘉兴市、舟山市、杭州市和丽水市,其服务事项覆盖度指数分别为 88.9、86.9、87.4、88.6、86.6 和 86.2,具体如图 3-4 所示。 由此可知,浙江省 11 个地级市的服务事项覆盖度存在一定的差距,排在靠后的地级市应进一步向绍兴市、衢州市和金华市看齐。

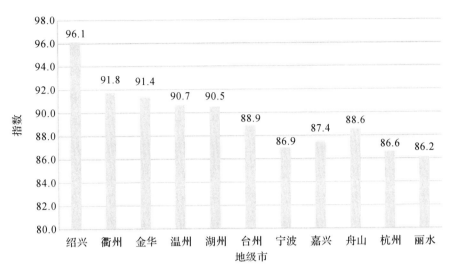

图 3-4 2021 年浙江省 11 个地级市政府对企业的服务事项覆盖度指数情况

在办事指南准确度方面，全省 11 个地级市中，有 5 个地级市的办事指南准确度指数在 90 及以上，占比 45.5%，指数最高的是绍兴市，为 95.9，第二名和第三名分别是衢州市（91.9）和湖州市（91.6）。第四名和第五名分别是温州市（90.6）和金华市（90.4）。其他地级市的办事指南准确度指数均在 85—90 之间，分别是台州市、舟山市、宁波市、嘉兴市、丽水市和杭州市，排在最末位的是杭州市，其办事指南准确度指数为 87.4，具体如图 3-5 所示。

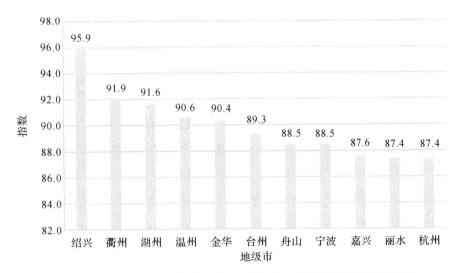

图 3-5 2021 年浙江省 11 个地级市政府对企业的办事指南准确度指数情况

②服务成熟与成效度。

在服务成熟与成效度方面,浙江省 11 个地级市的服务成熟与成效度指数平均值为 89.3,变异系数为 0.03。 其中服务成熟与成效度指数在 90 及以上的有 4 个地级市,占比 36.4%,处于第一梯队,分别是绍兴市、衢州市、温州市和金华市,其指数分别为 96.0、91.9、91.1 和 90.4。 可以看出,这 4 个地级市的政府对企业的服务较为成熟,且效率较高。 其余 7 个地级市的服务成熟与成效度指数均在 85—90 之间,处于第二梯队,具体如图 3-6 所示。 由此可知,浙江省 8 个地级市的服务成熟与成效度存在一定的差距,但差距较小,绍兴市领先于其他地级市,而丽水市、宁波市和杭州市等地级市仍需进一步提高在线服务的成熟与成效度,加大互联网与政务的融合。

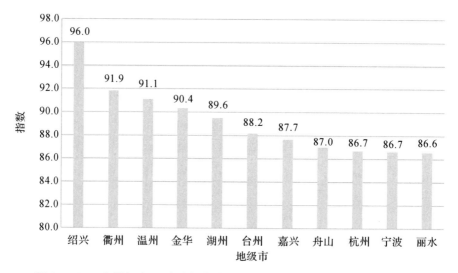

图 3-6 2021 年浙江省 11 个地级市政府对企业的服务成熟与成效度指数情况

服务成熟与成效度指标主要由在线办理成熟度和在线服务成效度 2 个指标构成。 因此,本研究将进一步分析全省 11 个地级市在在线办理成熟度和在线服务成效度方面的情况。 根据计算可知,浙江省 11 个地级市的在线办理成熟度指数平均值为 89.1,变异系数为 0.03;在线服务成效度指数平均值为 89.4,变异系数为 0.03。 通过对比可知,总体来讲,浙江省政府对企业的在线办理成效度水平略高于在线办理成熟度水平,同时在这两个方面,各地级市之间的差距较小。

3

浙江省新型政商关系的"亲近"指数

在在线办理成熟度方面，全省只有绍兴市的在线办理成熟度指数超过了 95，处于第一梯队；有 3 个地级市的在线办理成熟度指数在 90—95 之间，分别是衢州市、温州市和湖州市，指数分别为 91.7、90.7 和 90.1；其他 7 个地级市的在线办理成熟度指数在 85—90 之间，占比 63.6%，处于第三梯队，具体如图 3-7 所示。由此可知，浙江省 11 个地级市的在线办理成熟度整体水平较高，各地级市之间差距较小，但宁波市、舟山市等地级市的在线办理成熟度还需进一步提高，以缩小与其他地级市的差距。

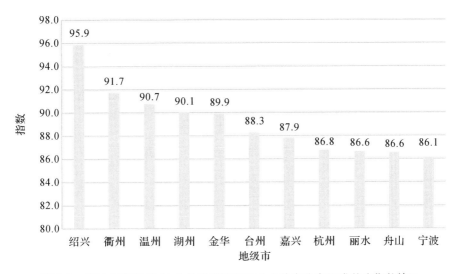

图 3-7　2021 年浙江省 11 个地级市政府对企业的在线办理成熟度指数情况

在在线服务成效度方面，根据计算结果，可以将全省 11 个地级市分为 3 个梯队。第一梯队的在线服务成效度指数在 95 及以上，仅有绍兴市 1 个地级市，占比 9.1%；第二梯队的在线服务成效度指数在 90—95 之间，有 3 个地级市，占比 27.3%，分别是衢州市、温州市和金华市，其在线服务成效度指数分别为 92.1、91.5 和 90.9；第三梯队的在线服务成效度指数在 85—90 之间，有 7 个地级市，占比 63.6%，具体如图 3-8 所示。由此可知，浙江省 11 个地级市的在线服务成效度差距较小，各地级市均需要重点提高政府对企业的在线服务成效度。

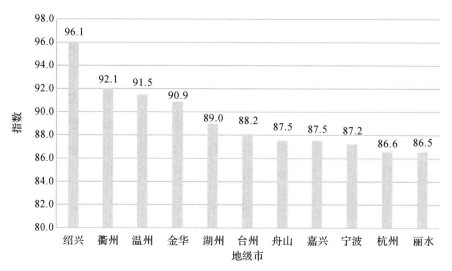

图 3-8　2021 年浙江省 11 个地级市政府对企业的在线服务成效度指数情况

总体来讲，在浙江省各地级市政府对企业的服务的三级构成指标中，水平相对较高的是服务方式完备度和办事指南准确度，其他各个指标均与上述两个指标差距较小，显示出全省政府对企业较好的服务力，为企业提升办事效率提供支撑。 在全省 11 个地级市中，政府对企业的服务整体表现较好的是绍兴市、衢州市、金华市、温州市和湖州市，各项指数均达到 90，而其他地级市均需进一步改善和提高。

3.1.2　基于评估结果的观察与建议

在 11 个地级市中，绍兴、衢州、温州、金华在政府对企业的服务方面的表现较为突出，各方面指数都体现出政府对企业较高的服务能力与服务水平。 从二级指标来看，"服务完备与准确度"指数平均值较高，而在"服务成熟与成效度"方面还有一定的提升空间。 从地区看，许多地级市指数差距仍比较明显，反映许多地级市政府对企业的服务能力还存在一定的差异。

针对以上问题，为进一步确保浙江全省营商环境水平持续保持在全国第一方阵，打造一批综合性的营商环境标杆城市，提高政府对企业的服务水平是关键。 浙江全省应继续以企业发展需求为导向，研究细分企业的需求，进一步完善顶层设计和统筹协调，强化政府服务能力，尽可能满足企业的发展需求，并着力提升各项办事效率，为企业发展提供更加完善、便利的营商环境。

根据评估结果，全省要大力提升服务成熟与成效度、服务完备与准确度，提高政府对企业的服务能力，同时进一步缩小各地级市政府服务能力的差距，推动各地级市协同发展。我们提出以下几点建议：

第一，进一步拓宽网上政务服务平台信息的覆盖面，提高信息的准确度，丰富信息内容，同时要整合多渠道信息资源，提供更好的服务方式。建议进一步加强网上政务服务平台信息资源的集约统一，加强信息共享和业务协同。一方面，大力推动网上政务服务标准化，形成多地区多部门协同推动政务服务的协调机制建设，避免重复采集、一数多源等情况；另一方面，继续强化顶层设计和统筹协调，积极推进政务信息资源共享共用，促进"互联网＋政务服务"新思路和新模式的探索，为全省经济的繁荣和涉外经济领域的拓宽提供重要基础支撑。

第二，进一步加强多部门之间的信息共享和业务协同，推动网上政务服务流程的标准化，提高政府在线业务的办理效率。进一步提高网上政务服务平台覆盖面和精细度，促进线上线下深度融合，整合多渠道服务，完善"互联网＋政务服务"相关法规制度。同时，以企业和群众对"互联网＋政务服务"的需求为导向，提高服务能力，完善服务保障机制，全方位提高网上政务服务能力与服务效率。

3.2 浙江省新型政商关系政府对企业的支持分析

3.2.1 浙江省政府对企业的支持评估结果分析

(1)政府对企业的支持指标总体评估分析

2021年浙江省11个地级市政府对企业的支持指数总体呈现4个层次：杭州市为85.7，比第二名的宁波市高14.2，大幅领先其他地级市，构成第一梯队；宁波市为71.5，构成第二梯队；温州市、嘉兴市、湖州市、金华市、台州市与丽水市的指数均在 60 以上,构成第三梯队;绍兴市、衢州市和舟山市的指数相对较低,处于第四梯队,具体如图 3-9 所示。

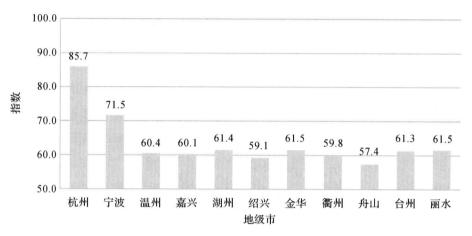

图 3-9 2021 年浙江省 11 个地级市政府对企业的支持指数情况

从行政级别来看,城市行政级别与政府对企业的支持指数呈正相关关系。由上述数据可知,省会城市政府对企业的支持指数高于省内其他城市,说明省会城市在推进改革的过程中有效地发挥了引领作用。 级别越高的城市,政府行政权限越大,优惠政策越多,吸引人才越多,市场竞争越激烈,企业全要素生产率越高。 这些因素都有利于推动政府为企业提供更多的支持,从而促进企业更好地发展,提高区域经济水平。

从经济水平来看,经济发展程度也与政府对企业的支持指数呈正相关关系,表现为经济发展水平越高的地区,政府对企业的支持指数也越高。 一个地方通过发展经济,可以改善营商环境;营商环境的改善,又可以推动经济发展。 所以,经济发展和营商环境在一定程度上是互为因果的。

(2)分指标情况说明

①基础环境。

首先分析"单位生产总值财政支出"这一指标。 本研究利用"中国城市统计年鉴"等各类公开数据,对浙江省 11 个地级市的单位生产总值财政支出情况进行评分。 指标评分从高到低,按 10 分到 0 分进行赋分。 在本次评估中,2016—2019 年期间该项指标评分最高的地级市为丽水市,最低的为绍兴市。 这说明丽水市政府支出占生产总值的比重较大,当地政府的财政支出对经济增长的贡献较为显著,而绍兴市则相反。 根据 2019 年绍兴市和丽水市的政府工作报告,绍兴市 2019 年的生产总值为 5781.00 亿元,在浙江省 11 个地级市中居第四位;丽水市 2019 年的生产总值仅为 1476.60 亿元,远低于绍兴市,在浙江省 11 个地级市中排第十位,具体如图 3-10 所示。 根据 2019 年绍兴市和丽水市的财政决算报告,当年绍兴市一般公共决算支出为 71.10 亿元,丽水市一般公共决算支出为 76.53 亿元,在一般公共决算支出方面,丽水市略高于绍兴市,说明造成丽水市与绍兴市数据差异的原因主要是丽水市的生产总值过低,从而导致财政支出比重偏高。

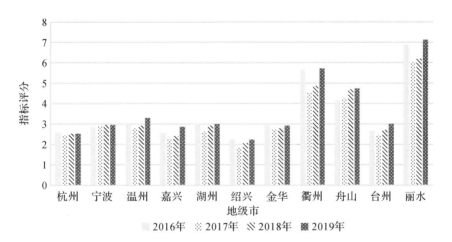

图 3-10 2016—2019 年浙江省各地级市单位生产总值财政支出指标评分情况

其次分析"科技财政支出/公共财政支出"这一指标。 本研究利用"浙江省统计年鉴"等公开数据,对浙江省 11 个地级市的科技财政支出占公共财政支出的比例情况进行评分,体现各地级市政府推动地区科技发展力度。 鉴于"浙江省统计年鉴"2020 年科技财政支出的部分数据没有对外披露,所以选用 2016—2019 年相关数据进行分析。

在本次评估中,2016—2019 年期间该项指标评分较高的城市为杭州、宁波、绍兴,指标评分较低的城市为温州、舟山、丽水,如图 3-11 所示。 2020 年该指标评分同 2019 年相比均有所增长,其中杭州、宁波、绍兴、台州增长幅度较大,增长率分别为 10.23%、43.04%、29.01%、44.02%。 浙江省人民政府为更好推动创新驱动发展战略的实施，加强加快创新强省建设，实现浙江省科技创新"一强三高"的总目标，即以创新强省为工作导向，以高新企业、高新技术、高新平台为重点，加快打造"互联网＋"和生命健康两大科技创新高地，在 2018 年出台了《关于全面加快科技创新推动高质量发展的若干意见》(浙政发〔2018〕43 号)，明确提出相应的投入保障为"省财政 5 年安排 600 亿元左右，市县财政联动投入 600 亿元左右，引导金融资本、社会资金投入 2900 亿元左右，撬动全社会研发投入 9000 亿元左右"，因此 2019 年该指标评分整体有较大增幅。

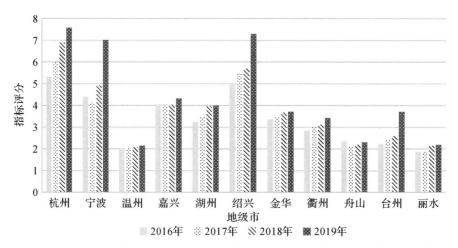

图 3-11　2016—2019 年浙江省 11 个地级市科技财政支出/公共财政支出指标评分情况

最后分析"数字基础设施建设水平"这一指标。本研究利用"浙江省统计年鉴"等公开数据，对浙江省 11 个地级市的数字基础设施建设情况进行评价。本次评估中，2018—2020 年指标评分最高的地级市为杭州市，最低的地级市为舟山市，如图 3-12 所示。舟山市地处长江、钱塘江和甬江入海口交汇处，陆地面积小，常住人口少，因而舟山市的移动电话用户数在浙江省 11 个地级市中排第十一位，相应的电信业务总量在浙江省 11 个地级市中也居第十一位，造成数字基础建设指标评分在 11 个地级市中最低的结果。

2020 年，中共杭州市委办公厅、杭州市人民政府办公厅印发《杭州市强化数字赋能推进"六新"发展行动方案》，方案明确对"5G＋四基"项目研发的扶持工作，实施符合实际、适度超前的 5G 建设计划，推进公共场所资源全面开放,开展政府重大工程 5G 应用示范。 推进 5G、北斗地面加强系统、智慧城市传感网络等信息基础设施与城市公共设施功能集成,实施"多杆合一""智慧灯杆"计划,积极抢抓"新基建"机遇,全面推进"六新"发展,数字基础设施完善。

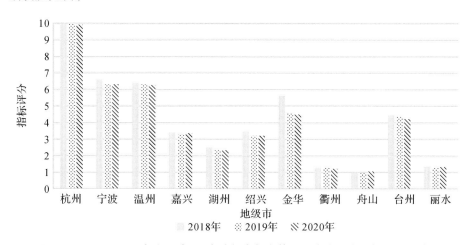

图 3-12   2018—2020 年浙江省 11 个地级市数字基础设施建设水平指标评分情况

②金融环境。

首先分析"年末存贷款余额/生产总值"这一指标。 为加快全省金融产业发展,浙江省人民政府办公厅印发了《浙江省金融产业发展规划》,力图加强规划引导,适应经济发展新常态,顺应金融发展新趋势,切实采取有力举措加快发展浙江省金融产业,着力构建五大金融产业、四大金融平台、三大区域金融布局的"大金融"产业格局。 存贷款是金融市场组织为经济发展提供资金支持的最重要的来源和方式。 一般认为,金融市场组织的基本功能就在于积聚存款、投放贷款,优化资金配置,积极调动各经济部门为区域经济发展做出贡献。 存款积聚不足即资本供给不足,是区域经济发展的基本障碍;而储蓄充足时,要促进经济发展,还要以储蓄能够充分有效地转化成投资为前提。存贷款余额能反映金融环境对该地区企业资金持有量的影响。 本研究数据来自"中国城市统计年鉴"的同名指标数据。 指标评分从高到低,按 10 分到 0 分进行赋分。

如图 3-13 所示,2019 年浙江省 11 个地级市中该项指标评分最高的是杭州市,并且杭州市从 2016 年到 2019 年指标评分均为全省最高,这说明杭州市政府积极优化资金配置,积聚存款、投放贷款的能力较强,金融机构对区域经济发展的参与贡献较大。 该项指标值较低的城市为绍兴市和舟山市,但各地级市之间差距不大。

此外,从指标评分趋势来看,各个地级市指标评分均呈稳步上升趋势,说明浙江省金融市场组织对经济发展的支持能力和政府资源配置能力整体有所提高,五大金融产业、四大金融平台、三大区域金融布局的"大金融"产业格局取得显著成效。 2019 年浙江省 11 个地级市中杭州仍能保持最高指标评分,其原因是 2019 年浙江省发展改革委、省地方金融监管局、杭州市人民政府印发《杭州国际金融科技中心建设专项规划》,杭州国际金融科技中心建设是浙江省金融产业未来发展的战略性方向,这一专项规划对目标定位、主要任务、空间布局及政策支持予以明确,进一步推动金融服务实体经济的发展。

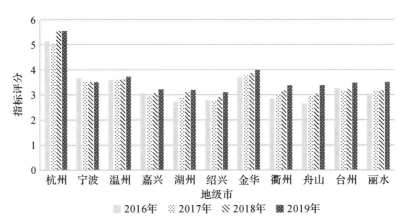

图 3-13　2016—2019 年浙江省 11 个地级市年末存贷款余额/生产总值指标评分情况

其次分析"私募基金公司数量/生产总值"这一指标。 为优化金融业态结构,提升直接融资比重,丰富金融市场的功能和层级,招引和鼓励私募金融机构集聚发展,引导社会资金有序流入实体经济,并促进广大群众共享财富增值服务,杭州、宁波、嘉兴等地纷纷出台关于加快私募金融服务业发展的实施意见,从财政、税收等方面大力扶持私募金融机构。 因此,该指标数据能够反映当地政府对私募金融机构的扶持力度。 本研究数据来源于同花顺。 指标评分从高到低,按 10 分到 0 分进行赋分。

如图 3-14 所示，2016—2019 年期间该项指标评分较高的地级市为杭州市、宁波市、嘉兴市，指标评分较低的地级市为衢州市、台州市和丽水市，且城市之间差距明显。 这主要是因为杭州市、宁波市和嘉兴市政府对私募金融服务业的扶持力度较大。 例如，2021 年杭州市地方金融监督管理局牵头印发《杭州市合格境外有限合伙人试点暂行办法》，支持包括基金小镇在内的自贸区开展合格境外有限合伙人（QFLP）试点；2019 年嘉兴市主导的政府基金"南湖基金"及"南湖千亿基金联盟"在 2019 创业者峰会上宣告成立，积极打造南湖基金小镇，从财政、税收等方面大力扶持私募金融机构，同时向私募高级人才抛出"橄榄枝"。 近年来，这些政策已经取得显著成效，使得杭州市、宁波市、嘉兴市的私募基金公司数量位于浙江省 11 个地级市前列。 相对而言，衢州市、台州市和丽水市在优化金融业态结构、扶持私募金融机构方面存在不足，未来还需要进一步加强。

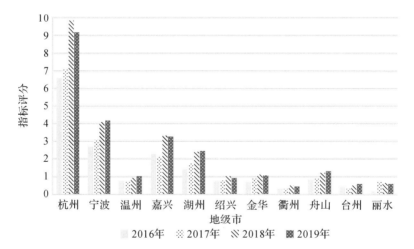

图 3-14 2016—2019 年浙江省 11 个地级市私募基金公司数量/生产总值指标评分情况

最后分析"上市公司数量/规模以上工业企业数量"这一指标。 2013 年，全国小微企业金融服务经验交流电视电话会议提出，要大力拓宽直接融资渠道，提高小微型企业直接融资比重。 在 2017 年的全国金融工作会议上，中央再次对提高直接融资比重做出明确部署。 这一信息传递出的积极信号表明，国家对扩大企业直接融资比重的政策坚定不移，企业未来的融资需求很大部分会从过度依赖银行间接融资向直接融资转变，这既有利于企业改善融资结构,降低融资成本,也有利于银行优化信贷结构。 因此,直接融资水平的高低可以直接反映当地政府对企业的金融支持力度。 本研究数据来源于同花顺。 指标评分从高到低,按 10 分到 0 分赋分,再将所得分数分别按 70％与 30％的权重进行组合打分。

如图 3-15 所示,2016—2019 年期间该项指标评分较高的地级市为杭州市、宁波市、绍兴市,指标评分较低的地级市为舟山市、丽水市、衢州市,其中舟山市的指标评分最低,原因在于舟山市的上市公司数量最少(截至 2019 年,只有 1 家,为金鹰股份),说明舟山市企业想要获得直接融资较为困难。

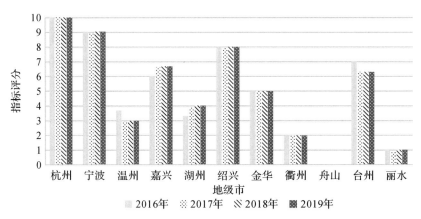

图 3-15　2016—2019 年浙江省 11 个地级市上市公司数量/规模以上工业企业数量评分情况

③税赋环境。

首先分析"规模以上工业本年应交增值税/工业总产值"这一指标。 经国务院批准,自 2016 年 5 月 1 日起,在全国范围内全面推开营业税改征增值税(以下简称营改增)试点,建筑业、房地产业、金融业、生活服务业等全部营业税纳税人,纳入试点范围,由缴纳营业税改为缴纳增值税。 改革之后,增值税将在企业的总税赋中占到更大的比例。 该指标数据可以反映一个地区工业企业主要的税赋情况。 本研究选取的数据来自"中国城市统计年鉴"的同名指标数据,指标评分从高到低,按 10 分到 0 分进行赋分。

如图 3-16 所示,2016—2019 年期间该项指标评分最高的地级市为杭州市,其余地级市则差距不大,其中舟山市在 2019 年的得分有了明显的降低。

这说明近年来杭州市政府对工业企业的税收优惠较多，税赋环境较为宽松；舟山市对营造良好的税赋环境重视度提高，对相关企业的优惠力度加大。

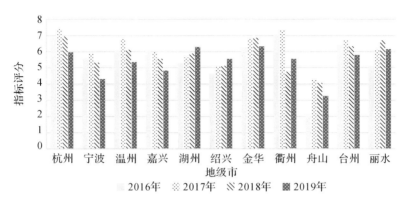

图 3-16　2016—2019 年浙江省 11 个地级市规模以上工业本年应交增值税/工业总产值指标评分情况

再来分析"规模以上工业主营业务税金及附加/工业总产值"这一指标，本部分选取的数据来自"浙江省统计年鉴"等公开数据，对浙江省各地区企业税收负担支持情况进行评估。

如图 3-17 所示，2016—2019 年期间该项指标评分较高的地级市为宁波市和杭州市，其余地级市差距不大，其中 2019 年舟山市的指标评分有明显的提高，其原因是舟山绿色石化基地"炼化一体化"项目陆续投产，舟山市的生产总值比上一年增长 9.20％，增速居全省各地级市首位，全市实现规模以上工业增加值 293.70 亿元，同比增长 43.2％，大项目的"火车头"效益拉动了舟山工业经济一路高位运行，在工业总产值有较大增幅的情况下，该指标评分仍能保持较高增长，说明舟山市政府对企业税收负担支持力度有一定增加。

(3)总体评估结果

从总指标来看，地级市间差异较大，但同一地级市各年度的指标评分相对稳定，同年度各地级市的排名也较为稳定。具体来看，杭州市、宁波市始终名列前两位，而舟山市政府对企业的支持力度较小。这说明各地级市政府对当地企业的支持水平存在差异，对企业的重视程度也有所不同。从分项指标来看，地级市之间差异较大，各年度指标评分有所波动，这说明各

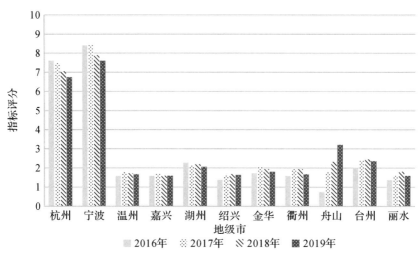

图 3-17　2016—2019 年浙江省各地级市规模以上工业主营业务税金
及附加/工业总产值指标评分情况

地级市政府对企业支持水平的差异可能受基础环境、金融环境和税赋环境等
因素的影响。

3. 2. 2　基于评估结果的观察与建议

(1)基于评估结果的观察分析

从评估结果来看,浙江省各地级市对企业的支持指标情况存在变化,如丽
水市政府对企业的支持指数有所增加,排名从倒数第一名跃升至第四名,说明
丽水市政府开始重视对企业的支持。 在 11 个地级市中,杭州市、宁波市政府
对企业的支持指数排名稳定且表现突出,各项指标数据都体现出政府和金融
机构对企业发展的重视,为企业创造了宽松的金融环境和税赋环境。 而舟山
市的情况则相反,从 2020 年的第二名跌至 2021 年的第十一名,原因主要是在
基础环境中的数字基础设施建设和税赋环境方面,政府给予企业的支持相对
较少。 总的来说,浙江省 11 个地级市政府对企业的支持指数较上一年都有所
下降,各地政府应加大对企业的支持力度。

(2)相关政策建议

在加大政府对企业的支持力度方面，应当从基础环境、金融环境和税赋环境入手，把改善税赋环境作为重点工作加以推进。

①基础环境。

全面优化财政支出结构。政府应根据不同地区财政支出结构的现状、特点及现存的问题，对财政支出结构进行针对性调整。比如，对于绍兴市存在的单位生产总值财政支出水平较低的问题，相关政府应适当增加财政支出的总量，扩大财政支出的规模。而针对丽水市存在的单位生产总值过低进而导致单位生产总值财政支出水平较高的问题，政府应当提高对相关地区经济建设的关注度，加大对企业的政策支持和资金支持，促进支持对象良好的经济发展。此外，丽水市政府部门应当增加科技财政方面的支出和投入。

要深化政府机构改革，压缩行政经费。各地政府应精简机构，撤销、合并重复的机构，促使机构设置向公共服务型转变；建立公务员竞争与考核机制，提高办公效率。

提高财政支出的制度效率和决策效率。政府进行部门预算时应对预算编制部分进行进一步细化，加强预算审查，并建立考评机制，针对预算编制质量和项目绩效进行量化考评。同时，建成安全、高效、便捷的现代化信息系统，顺应社会数字化发展，充分利用相关技术支持。要加强法治建设，制定相关法律依据，以便为财政决策提供依据，将公共支出决策的制定和执行纳入法治化轨道。

同时，各地政府应结合工信部印发的《"十四五"大数据产业发展规划》和浙江省人民政府办公厅印发的《浙江省数字经济发展"十四五"规划》，围绕数据资源、基础硬件、通用软件、行业应用、数据安全等大数据产业链环节，积极培育大数据企业主体，加大数字基础设施建设力度。

政府主导引领，不断深化公共数据资源体系建设。各地政府应积极成立数据管理中心，构建信息交换体系，依托统一电子政务云平台，持续加强政府部门等公共数据的归集和共享应用。优化基础网络架构，加大 5G 网络和千兆光网建设力度。以杭州主核心区和宁温金义副核心区为重点，推进大型云数据中心布局建设,推进桐乡超算中心启动运行。 推进物联网、工业互联网基础设施建设,推动万物互联、全面感知、数据采集、云边协同处理,为大数据应用及产业发展奠定信息网络基础。

②金融环境。

完善企业资信网络,降低信贷风险。 金融机构对民营经济的支持要掌握依据,注意风险防范。 依靠正在全国范围内推广使用的银行信贷登记咨询系统,使用好个人信用项目,使金融机构准确了解企业的资信情况,确定可靠的信贷关系。 充分利用互联网金融平台,基于平台大数据开发对企业进行信用评级。 要帮助和督促民营企业建立规范的财务制度,完善财务报表,使银行能够准确地了解企业的财务信息,便于对贷款使用情况进行跟踪监控,确保贷款的安全性。

发挥政府职能,建设社会信用体系。 政府要重视银行债权的维护工作,摒弃地方保护主义和地方功利主义思想,努力维护良好的地方声誉和形象。要配合银行,运用法律和行政手段,制裁不讲信誉企业的逃废债行为。 要积极邀请银行参与企业改制,依法支持企业破产。

继续推进民间金融,加大金融帮扶力度,规范民间金融运作流程。 为解决民营企业的融资困难,应继续推进民间金融,考虑发展地方性金融机构和民营银行。 引导民间资本组建地方性金融机构,在当前对于促进和规范民间投资具有重要意义。 只要监管得当,既可以形成我国金融市场的多元化格局,又可以活跃民间投资。

大力发展数字普惠金融。 利用大科技平台、大数据和云计算等科技方法,进行金融产品、商业模式、技术应用和业务流程创新。 政企协同,推动大数据平台逐渐从部门级走向企业级建设,鼓励新型科技公司利用技术来提供金融化解决方案,帮助传统金融公司使用数字技术改善服务。 同时,各地方政府应与以科技驱动发展的互联网银行开展积极合作,发挥数字金融的普惠性优势,缓解乡村金融"数据孤岛"问题,改善乡村金融基础设施,以数字化赋能乡村金融服务,助力全面推进乡村振兴。

③税赋环境。

第一,推进制度创新,构建浙江民营企业税务营商环境评价体系。 应尽快构建具有浙江本地特征的税务营商环境评价体系，比如可以从评价体系的构建依据、基本原则、逻辑框架和体系结构等维度进行设计。 在体系构建过程中，应以现行税收制度为纲，体现税务营商环境的改革方向；以纳税人满意度为准绳，确保源头信息的可获得性、信息渠道的真实可靠、调查对象选取的代表性与科学性。 与此同时，要准确且及时地反映浙江民营企业税务营商环境所取得的成就。

第二，完善税收优惠政策，鼓励中小企业自主创新。 政府应充分运用税前扣除、投资抵免、先征后退、即征即退、亏损结转和加速折旧等多种间接优惠方式，同时辅以免征、减征和优惠税率等直接优惠方式，鼓励中小企业的自主创新活动。

第三，优化税收服务体系。 税务部门要优化税收服务体系，加强税收法规政策宣传，提升纳税辅导和纳税培训等服务水平，为民营企业提供优质纳税服务，营造良好的纳税环境。 要简化民营企业纳税申报程序，减少纳税申报时需附送的资料，以节省纳税时间和节约纳税成本。 此外，还可积极推行税务代理制度，充分发挥中介机构的作用，提高税务部门的工作效率。

3.3　浙江省新型政商关系企业活跃度分析

3.3.1　浙江省企业活跃度评估结果分析

（1）企业活跃度指标总体评估分析

在"企业活跃度"一级指标之下，设置 1 个二级指标"企业活跃度"，其下设置 1 个三级指标"新增企业增长率"。"新增企业增长率"主要用浙江省市场监督管理局对外发布的《2021 年全省市场主体发展情况分析》中"2021年在册数量同比"数据。"2021 年在册数量同比"指的是 2021 年浙江省 11 个地级市新设市场主体的同比增速，我们将之进行百分化后生成指数。 从评估结果来看，浙江省 11 个地级市的企业活跃度指数平均值为 64.1，并呈现出较为明显的梯度差异：指数在 90 及以上的有 1 个地级市，指数在 70—80 之间的有 2 个地级市,指数在 60—70 之间的有 3 个地级市,指数在 60 以下的有 5 个地级市。 排名前三位的是金华市、宁波市和杭州市,排名后三位的是温州市、丽水市和绍兴市,如图 3-18 所示。

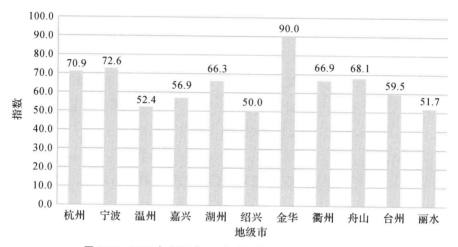

图 3-18 2021 年浙江省 11 个地级市企业活跃度指数情况

相比于上一年评价报告中主要通过"民营企业活跃度""专业人士对企业活跃度的感知度""新增企业增长率"这 3 个三级指标来测度"企业活跃度",我们通过回溯思考和事后调研征求各地级市意见,对该指标测度进行了较大幅度修正。 主要原因有以下三个方面:一是,"企业活跃度"的原有测度方式已经不再适用,该测度源自浙江工商大学浙商研究院 2018 年版"浙江创业观察",而该项调查每两年开展一次,2020 年的调查受到新冠疫情影响没有开展,我们沿用 2018 年的数据,故本次评估不再使用该指标;二是,"专业人士对企业活跃度的感知度"原本是为了对偏陈旧的"民营企业活跃度"进行一定程度的修正,主要方法是通过问卷调查从事浙商研究的学者、政府部门及企业界人士,获得其对于各地级市企业活跃度的主观感知度。 因为该指标的主观性较强,我们控制了其所占权重,但在后面的调研过程中发现,该评价结果的主观性依旧较强,故而不再采用"民营企业活跃度"指标,我们也不再使用"专业人士对企业活跃度的感知度"指标;三是,"新增企业增长率"这一客观指标能够较好地反映当地企业活跃度情况,自 2021 年初我们从浙江省市场监督管理局内部获取了 2019 年新设企业同比增速数据,以此刻画"新增企业增长率",并且在赋权时提高了该指标的比例,故而我们直接从浙江省市场监督管理局发布的《2021 年全省市场主体发展情况分析》获取 2021 年浙江省 11 个地级市市场主体在册数量情况的相关数据,该数据是公开数据,客观性更强。"企业活跃度"一级指标的具体修正情况如表 3-1 所示。

表 3-1　2020 年和 2021 年评价指标体系中"企业活跃度"指标的对比

年份	一级指标	二级指标	三级指标	数据来源
2020 年	企业活跃度	企业活跃度	民营企业活跃度	浙商研究院调查数据
			专业人士对企业活跃度的感知度	浙商研究院调查数据
			新增企业增长率	浙江省市场监督管理局发布报告
2021 年	企业活跃度	企业活跃度	新增企业增长率	浙江省市场监督管理局发布报告

(2)分指标情况说明

我们从浙江省市场监督管理局发布的《2021 年全省市场主体发展情况分析》,获取了 2021 年浙江省 11 个地级市市场主体在册数量等相关数据,再将之指标化后得到"新增企业增长率"指标数据,如表 3-2 所示。

表 3-2　2021 年浙江省 11 个地级市市场主体在册数量情况

地级市	2021 年在册数量/户	2021 年在册数量同比增长/%	指标化后得分
杭州	1528946	8.99	70.9
宁波	1207640	9.35	72.6
温州	1232546	5.09	52.4
嘉兴	466307	6.03	56.9
湖州	658065	8.02	66.3
绍兴	689743	4.58	50.0
金华	1437396	13.03	90.0
衢州	267009	8.14	66.9

续　表

地级市	2021年在册数量/户	2021年在册数量同比增长/%	指标化后得分
舟山	148085	8.41	68.1
台州	741296	6.59	59.5
丽水	307685	4.94	51.7

从该指标来看,在新冠疫情影响下,11个地级市新设企业数量的同比增速有所放缓。其中,仅有金华市的新设企业同比增长超过10%,达到了13.03%,企业活跃度较高,也是企业活跃度得分中唯一超过90的地级市;全省经济体量排名前二的宁波市和杭州市的新设企业增长率分别为9.35%和8.99%,企业活跃度得分均超过70;舟山市、衢州市、湖州市的新设企业增速为8%左右,企业活跃度得分在60—70之间;台州市、嘉兴市、温州市、丽水市的新设企业增长率分别为6.59%、6.03%、5.09%、4.94%,企业活跃度得分低于60。

3.3.2　基于评估结果的观察与建议

(1)基于评估结果的观察分析

时任浙江省委书记袁家军在2022年1月召开的全省民营经济发展大会上,谈及浙江民营经济时讲了三句话:民营经济是浙江发展的金名片,民营经济是浙江经济的最大特色和最大优势,民营企业家是浙江的最宝贵资源、最宝贵财富。浙江省市场监督管理局《2021年全省市场主体发展情况分析》的数据显示,截至2021年12月底,浙江省共有各类市场主体868.47万户,同比增长8.12%。其中,在册企业313.98万户,同比增长11.26%;个体工商户549万户,占全省市场主体的63.2%,同比增长6.57%。而2021年,民营经济占浙江经济总量的比重达67%。[①] 构建新型政商关系成效最直观的反映结果就是企业活跃度,这也直接关系到当地的经济发展。我们将从政府构建新型政商关系的所做与所得,即直接影响与间接影响两个方面进行具体分析。

---

① 资料来源:https://zj.zjol.com.cn/video.html? id=1849780。

①政府对企业的服务、支持与企业活跃度的关系。

浙江省 11 个地级市政府对企业的服务指数、政府对企业的支持指数和企业活跃度指数及排名情况如表 3-3 所示。 我们可以看出，在政府构建新型政商关系的努力与产生的结果——企业活跃度上，还存在一定的差距。 我们把政府对企业的服务指数和政府对企业的支持指数进行加总后计算平均值，得出政府构建新型政商关系努力的综合排名，再与企业活跃度指数的排名进行比较，然后分成三类进行讨论。

表 3-3　浙江省 11 个地级市政府对企业的服务、政府对企业的支持与企业活跃度指数及排名

地级市	政府对企业的服务指数	排名 1	政府对企业的支持指数	排名 2	综合排名	企业活跃度指数	排名 3
杭州	86.9	10	85.7	1	1	70.9	3
宁波	87.3	9	71.5	2	2	72.6	2
温州	90.9	3	60.4	7	7	52.4	9
嘉兴	87.7	7	60.1	8	10	56.9	8
湖州	90.3	5	61.4	5	6	66.3	6
绍兴	96.1	1	59.1	10	3	50.0	11
金华	90.8	4	61.5	3	4	90.0	1
衢州	92.0	2	59.8	9	5	66.3	5
舟山	87.7	8	57.4	11	11	68.1	4
台州	88.7	6	61.3	6	8	59.5	7
丽水	86.6	11	61.5	3	9	51.7	10

第一类，综合排名与企业活跃度排名基本吻合，包括宁波市、湖州市和衢州市。 这说明这些政府构建新型政商关系的努力换来了相应的企业活跃度的提高，政府的工作落到了实处，取得了积极成效，企业也获得了相应的鼓励，产生了相应的活跃度。

第二类，综合排名高于企业活跃度排名，包括杭州市、温州市、绍兴市和丽水市。 这说明这些政府投入了很多人力、物力、精力去构建新型政商关系，却没能收获到相应的企业活跃度的提升，需要进一步提高工作的投入产出效率；特别是绍兴市，综合排名与活跃度排名相差 8，可见当地政府的努力与

企业实际表现相差甚大。

第三类，综合排名低于企业活跃度排名，包括嘉兴市、金华市、舟山市和台州市。说明这些地方的企业活跃度的产生并不完全依靠当地政府的努力，也说明政府的努力不能满足企业的要求；特别是舟山市，综合排名与活跃度排名相差 7，可见当地政府在构建新型政商关系方面还有很多工作要做。

②企业活跃度与地方经济发展的关系。

"企业活跃度"指标与地方经济发展指标的关系如表 3-4 所示。从表中我们可以大致看出，企业活跃度与地方经济发展具有一定的相关性。

2021 年浙江大湾区、大花园、大通道、大都市区"四大建设"进入加速阶段，长三角一体化、自贸试验区辐射作用明显，"四大都市圈"发展效应逐渐显现。杭州市、金华市、温州市、宁波市稳居前四，发挥了领头作用，市场主体在册数量分别达到 152.89 万家、143.73 万家、123.25 万家、120.76 万家，新设主体数量分别为 27.72 万家、33.86 万家、23.95 万家、22.05 万家，超过全省新设总量约 60%。其中，金华市新设企业增速为 13.03%，位居全省第一，也直接支撑了金华市 2021 年经济获得 9.8% 的全省最高增速；宁波市和杭州市的新设企业增速分别为 9.35% 和 8.99%，分别位列全省第二和第三，保障了在其超万亿的体量下仍能有着较好的经济增速表现；温州市的增速仅为 5.09%，排名较低，也使得其经济增速仅有 7.7%，位于全省末位。

受到宁波市、杭州市的辐射，舟山市、衢州市、湖州市的新设企业增速均超过 8%，能够支撑其经济较高的增长，尤其是湖州市，其经济增速达到 9.5%，位列全省第二；台州市、嘉兴市的新设企业增速分别为 6.59% 和 6.03%，其经济增速表现一般，勉强达到全省平均增速；而丽水市的新设企业增速未达到 5%，仅有 4.94%，经济增速低于全省平均增速。

表 3-4　浙江省 11 个地级市企业活跃度指标与地方经济发展指标的关系

地级市	2021 年 GDP 总量/亿	2021 年在册数量/户	2021 年在册数量同比增长/%	指标化后得分	2021 年 GDP 增速/%
杭州	18109.0	1528946	8.99	70.9	8.5
宁波	14594.9	1207640	9.35	72.6	8.2

续　表

地级市	2021年 GDP总量/亿	2021年 在册数量/户	2021年在册 数量同比增长/%	指标化 后得分	2021年 GDP增速/%
温州	7585.0	1232546	5.09	52.4	7.7
嘉兴	6355.3	466307	6.03	56.9	8.5
湖州	3644.9	658065	8.02	66.3	9.5
绍兴	6795.0	689743	4.58	50.0	8.7
金华	5355.4	1437396	13.03	90.0	9.8
衢州	1875.6	267009	8.14	66.9	8.7
舟山	1703.6	148085	8.41	68.1	8.4
台州	5786.2	741296	6.59	59.5	8.3
丽水	1710.0	307685	4.94	51.7	8.3

(2)相关政策建议

基于上述评价体系的评估结果，为进一步提升企业活跃度，我们提出以下政策建议：

第一，加大创新创业活动的引导力度。各级政府要认真落实高质量发展建设共同富裕示范区实施方案，以保市场主体为重要切入点，支持更多的创业活动的开展。从资金角度入手，扶持创新创业活动，要加大场地补贴力度，新建改造更多创业场地给创业者；增大项目资助力度，不搞"撒胡椒面"，对于有潜力的项目，要加大资助力度；争取更多创业贷款，对于个人创业进行减息贴息。从平台角度入手，利用好大学生创业园、众创空间、特色小镇等各类空间打造创业平台，让创业活动在更密集的空间集中孵化。从源头入手，发挥好学校的创新创业源头作用，鼓励更多科研人员进行创业，探索校企合作新形式。

第二，继续尽力营造公平有序法治的市场竞争环境。各级政府也应当在更大范围、更深层次、以更有力的举措优化营商环境，坚持"两个毫不动摇"，推动新时代民营经济实现新飞跃；做好各类宣传工作，使创业者们感受到政府所营造的优良创业环境，让创业活动更加便利地开展。

3.4　浙江省新型政商关系政府亲近感知度分析

3.4.1　浙江省政府亲近感知度评估结果分析

(1)政府亲近感知度指标总体评估分析

在"政府亲近感知度"一级指标之下，设置 1 个二级指标"企业对政府亲近的感知度"，其下设置 1 个三级指标"企业对政府亲近的感知度"。 我们使用浙商研究院启动的"2022 年度浙江省亲清政商关系调查研究"的调查数据，对各市企业对于政府亲近的感知度进行评估。 从评估结果来看，浙江省 11 个地级市企业活跃度指数的平均值为 70.6，并呈现出较为明显的梯度差异：指数在 90 及以上的有 1 个地级市，指数在 80—90 之间的有 3 个地级市，指数在 70—80 之间的有 2 个地级市，指数在 60—70 之间的有 2 个地级市，指数在 60 以下的有 3 个地级市。 排名前三位的是温州市、金华市、丽水市；排名后三位的是舟山市、绍兴市、湖州市，如图 3-19 所示。

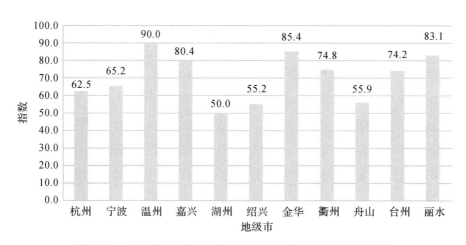

图 3-19　2021 年浙江省 11 个地级市政府亲近感知度指数情况

相比于 2020 年的评价中主要通过"创业者对政府亲近的感知度"和"专业人士对政府亲近的感知度"这 2 个三级指标来测度"政府亲近感知度"，我们通过回溯思考和事后调研征求各地级市意见，对该指标测度进行了较大幅度修正，如表 3-5 所示。主要原因有以下三个方面：一是，"政府亲近感知度"的原有测度方式已经不再适用，该测度源自浙江工商大学浙商研究院2018 年所做的"浙江创业观察"，该项调查每两年开展一次，2020 年的调查受到新冠疫情影响没有开展，我们沿用 2018 年的数据，故本次评估不再使用该指标；二是，"专业人士对政府亲近的感知度"原本是为了对偏陈旧的"创业者对政府亲近的感知度"进行一定程度的修正，主要方法是通过问卷调查从事浙商研究的学者、政府部门及企业界人士，获得其对于各地级市创业者对政府亲近的主观感知度。因为该指标的主观性较强，我们控制了其所占权重，但在后面的调研过程中发现，该评价结果的主观性依旧较强，故而不再采用"创业者对政府亲近的感知度"指标，也不再使用"专业人士对政府亲近的感知度"指标；三是，浙商研究院启动了覆盖全省 11 个地级市的"2022 年度浙江省亲清政商关系调查研究"，我们以该数据取代了原先"浙江创业观察"的数据，该调查主要通过线上进行，能在一定程度上消除新冠疫情带来的影响。

表 3-5　2020 年和 2021 年评价指标体系中政府亲近感知度指标的对比

年份	一级指标	二级指标	三级指标	数据来源
2020 年	政府亲近感知度	企业对政府亲近的感知度	创业者对政府亲近的感知度	浙商研究院调查数据
			专业人士对政府亲近的感知度	
2021 年	政府亲近感知度	企业对政府亲近的感知度	企业对政府亲近的感知度	浙商研究院调查数据

（2）分指标情况说明

在新冠疫情影响下，浙商研究院每两年一次开启的大规模浙江省成人创业状况调查"浙江创业观察"不得不中断。我们在 2022 年以覆盖 11 个地级市的"2022 年度浙江省亲清政商关系调查研究"代替了"浙江创业观察"，该调查以线上调查为主、线下调查为辅，共计完成覆盖全省 11 个地级市的 1092

份有效问卷取样,取得了较大规模的调查样本。

该调查问卷第20题中问及被调查者当前政商关系不"亲"的原因,包括9个选项;而我们在问卷填写设置时,允许最多填写5项(超过5项的作废)。在"企业对政府亲近的感知度"指标计算方面,我们的方法如下:

第一步,根据问卷20题中所选取的选项数量,确定填写者认为当前政商关系"不亲"的感知程度。如选取4项,则"不亲"的感知程度为4。

第二步,进行反向处理,问卷设置最多可选5项,用6减去所选项数,确定"亲近"的感知程度。如"不亲"的感知程度为4,则"亲近"的感知程度为2。

第三步,在地级市层面进行汇总,求出企业对政府亲近感知度的平均值,生成该指标的测算值。

第四步,再对该测算值进行标准化处理,得到指标化后的得分,如表3-6所示。

表3-6　2021年浙江省11个地级市企业对政府亲近的感知度指标测算结果

地级市	企业对政府亲近的感知度	指标化后得分
杭州	3.47	62.5
宁波	3.56	65.2
温州	4.38	90.0
湖州	4.06	80.4
嘉兴	3.06	50.0
绍兴	3.23	55.2
金华	4.22	85.4
衢州	3.88	74.8
舟山	3.25	55.9
台州	3.85	74.2
丽水	4.15	83.1

从测算结果来看,温州市的企业对政府亲近的感知度水平较高,是唯一得分达到90的地级市;金华市、丽水市和湖州市的企业对政府亲近的感知度水

平也较高，得分均超过 80；衢州市和台州市的得分在 70—80 之间；宁波市和杭州市的得分在 60—70 之间，而舟山市、绍兴市和嘉兴市的得分均低于 60。

3.4.2 基于评估结果的观察与建议

(1)基于评估结果的观察分析

对于政府亲近的感知度直接涉及"亲清"政商关系的"亲"这一方面，而且是新型政商关系构建的直接感受，政府在构建新型政商关系时不仅要自己做得好，也要让企业感受得到。我们在评估中发现，当前浙江省 11 个地级市在政府亲近感知的构建上还存在着较大差异，表现较好的是温州、金华、丽水、湖州，而舟山、绍兴、嘉兴的表现相对较差。我们将从"做与感受的差别"和"感受到哪些没做好"这两个方面，基于评估结果来展开分析。

①政府对企业的服务、支持与企业对其的感知度。

浙江省 11 个地级市政府对企业的服务指数、政府对企业的支持指数和政府亲近感知度指数及排名情况如表 3-7 所示。我们可以看出，在政府构建新型政商关系的努力与企业的直观感受——政府亲近感知度上，还存在一定的差距。我们把政府对企业的服务指数和政府对企业的支持指数进行加总后计算平均值，得出政府构建新型政商关系努力的综合排名，再与政府亲近感知度指数的排名进行比较，然后分成三类进行讨论。

表 3-7 浙江省 11 个地级市政府对企业的服务、政府对企业的支持与政府亲近感知度指数及排名

地区	政府对企业的服务指数	排名 1	政府对企业的支持指数	排名 2	综合排名	政府亲近感知度指数	排名 3
杭州	86.9	10	85.7	1	1	62.5	8
宁波	87.3	9	71.5	2	2	65.2	7
温州	90.9	3	60.4	7	7	90.0	1
嘉兴	87.7	7	60.1	8	10	80.4	4
湖州	90.3	5	61.4	5	6	50.0	11
绍兴	96.1	1	59.1	10	3	55.2	10
金华	90.8	4	61.5	3	4	85.4	2

续　表

地区	政府对企业的服务指数	排名1	政府对企业的支持指数	排名2	综合排名	政府亲近感知度指数	排名3
衢州	92.0	2	59.8	9	5	74.8	5
舟山	87.7	8	57.4	11	11	55.9	9
台州	88.7	6	61.3	6	8	74.2	6
丽水	86.6	11	61.5	3	9	83.1	3

第一类，综合排名与政府亲近感知度排名基本吻合，包括衢州市、金华市、台州市和舟山市。这说明这些政府构建新型政商关系的工作让企业充分感知到了，政府的工作实现了"做到了几分，也被看到了几分"。

第二类，综合排名高于政府亲近感知度排名，包括杭州市、宁波市、湖州市、绍兴市。这说明这些政府投入了很多人力、物力、精力去构建新型政商关系，却没能得到企业的感知，"做到了，却没有被看到"。特别是杭州市和绍兴市，综合排名与感知度排名均相差7，可见当地政府的努力与企业感知度相差甚大，这两个地方的政府在推进新型政商关系工作的同时，也要加大宣传力度。

第三类，综合排名低于政府亲近感知度排名，包括温州市、嘉兴市、丽水市。这说明企业的感知程度高于政府实际所为，主要原因可能是企业要求不高，对于政府的努力有着超额的感知。不过，尽管上述城市的政府亲近感知度排名高于综合排名，但并不意味着当地政府在构建新型政商关系方面就不再需要努力。

②企业感知中的重点内容。

浙商研究院"2022年度浙江省亲清政商关系调查研究"在调查问卷第20题中问及被调查者认为当前政商关系不"亲"的原因，包括9个选项，即9个原因："1.不清楚政商关系交往边界，没有行为规范，不知道如何交往；2.政商沟通交流的渠道不通畅；3.政商交往呈现圈子化特征，党政干部选择性交往；4.怕牵扯进不良政商交往行为中；5.多一事不如少一事，不愿主动接触；6.政府不重视企业家的意见建议；7.党政干部不办实事，企业因失望而疏远；8.党政干部个人素质问题；9.其他。"

调查所得结果如图 3-20 所示。 可以看出调查者认为当前政商关系不"亲"的最主要的原因是 1 和 2，分别占 42.20％和 42.75％；其次是原因 3—5，分别占 32.39％、35.50％和 31.19％；原因 6—8 的占比均在 10％左右。

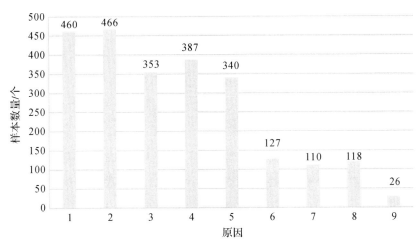

图 3-20 "2022 年度浙江省亲清政商关系调查研究"中当前政商关系不"亲"的原因分布

可以看出，当前浙江省新型政商关系中不"亲"的表现与原因有较好的对应关系，集中体现在三个方面：

第一，政商交往缺乏规范，使得沟通渠道不畅。 调查结果显示的新型政商关系不"亲"的首要原因在于"政商沟通交流的渠道不通畅"（占比 42.75％），其次是"不清楚政商关系交往边界，没有行为规范，不知道如何交往"（占比 42.20％）。 浙江省各级党委政府对此高度重视，浙江省委办公厅、省政府办公厅在 2016 年印发《关于构建新型政商关系的意见》，对规范领导干部行为提出 8 个"严禁"，对规范非公经济人士行为提出 5 项"不"为，厘清各级党政干部和企业合情合理、合法合纪交往的界限；相继出台的《浙江省防止领导干部房产交易违纪违法行为规定》《浙江省防止领导干部违规参与民间借贷行为规定(试行)》《关于规范领导干部廉洁从政从业行为 进一步推动构建亲清政商关系的意见》等一系列文件，对党政干部与企业(家)的交往做出较为明确的规定。 在政商沟通渠道搭建上，浙江省内工商联系统工作较为扎实，各类商会、协会、联合会等企业家组织也异常发达；各级党委政府也善于利用数字化手段加强政商沟通渠道建设，比如，杭州在 2021 年开通"亲清"政商关系的数字平台——"亲清在线"。 但我们还是看到,40％的受访企业对这些的感知度不够,政府的工作还是不够落地扎实,规范化渠道建设依旧任重道远。

第二,企业(家)主观上不愿、不敢去找政府。 调查结果显示,"怕牵扯进不良政商交往行为中"(占比35.50％),"多一事不如少一事,不愿主动接触"(占比31.19％),说明有约三分之一的企业(家)并不愿意与政府及官员打交道。 我们在部分实地调研中也发现,部分企业(家)不喜欢与政府打交道,而对于这种情况,部分地方政府经信部门直接派驻"指导员"进入企业(主要是拟上市企业),帮助企业对接政府,我们认为这种方式是值得其他地方政府借鉴的。

第三,党政干部履职问题,使得企业(家)不与之交往。 调查结果显示,"政府不重视企业家的意见建议"(占比11.65％),"党政干部个人素质问题"(占比10.83％),"党政干部不办实事,企业因失望而疏远"(10.09％),这显示尚有部分企业(家)对于各级党政干部的履职能力不够满意。 各级党政干部仍需不断提升自身工作能力并让企业(家)感知到。

(2)相关政策建议

基于上述评价体系所做出的评估结果,为进一步提升企业对政府亲近的感知度,让政府服务有"速度"和"温度"的同时,提高"规范度"和"知晓度",我们从党政干部和企业家两方面出发,提出以下政策建议。

第一,针对党政干部不"亲"企业家的问题,应该继续制定细化的政商交往的规则,划出党政干部与企业家交往的底线与高线;并加大宣传力度,告知党政干部和企业家,利用多种渠道宣传准则,持续开展政策宣讲,积极深入企业调研,多采用面对面交流方式,多在现场办实事解难题,让政商关系在阳光透明下自然亲近,这也是破解少数干部"不作为""不敢为"的关键。

第二,针对企业家不"亲"党政干部的问题,政府应强化沟通意识,借助政协、工商联平台,进一步建立多层次、多方式的沟通渠道,对于"不理""不亲"企业家的领导干部要根据反馈及时问责,同时也要做好各类宣传工作、释放亲近善意,引导企业家敢于主动"找市长"。

浙江省新型政商关系的"清白"指数

4.1 浙江省新型政商关系政府廉洁度分析

4.1.1 浙江省政府廉洁度评估结果分析

(1)政府廉洁度指标说明

在"政府廉洁度"一级指标之下,设置1个二级指标,即"干部清正",其下设置三级指标"机关事业单位每万人被查处官员及违纪违规数量"。该指标的数据主要通过检索中央纪委国家监委、浙江省纪委省监委、11个地级市纪委监委官方网站上"审查调查""纪律审查""曝光台"等栏目进行统计分析。

(2)政府廉洁度指标总体评估分析

浙江省11个地级市的政府廉洁度指数的平均值为77.5,其中,指数在90及以上的是嘉兴市,指数在80—90之间的有绍兴市、宁波市和温州市,指数在70—80之间的地级市包括杭州市、衢州市、台州市、金华市、湖州市,如图4-1所示。本指标测量维度单一、权重较大,从结果上也呈现出分值区间较大、梯队间差异性较为显著等特征。从评估情况来看，全省平均被通报违纪官员人数占机关事业单位就业人员数的比率为 8.44 人/万人，较 2019 年减少 2.36 人/万人，显示出浙江省持续开展反腐败工作的决心和力度。

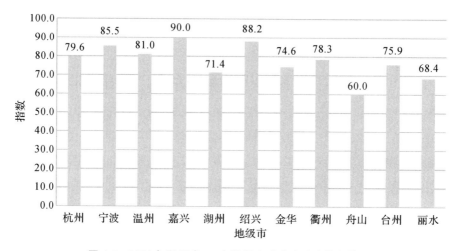

图 4-1　2021 年浙江省 11 个地级市政府廉洁度指数情况

依据 2021 年浙江省政府廉洁度指标的评估结果，可以将浙江省 11 个地级市划分为 3 个梯队，第一梯队为指数在 80 及以上的地级市，包括嘉兴市、绍兴市、宁波市、温州市；第二梯队为指数在 70—80 之间的地级市，包括杭州市、衢州市、金华市、台州市和湖州市；第三梯队为指数在 70 以下的地级市，包括舟山市和丽水市，如图 4-2 所示。

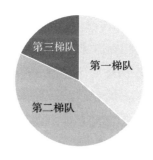

■ 第一梯队　■ 第二梯队　■ 第三梯队

图 4-2　2021 年浙江省政府廉洁度梯队分布图

其中，嘉兴市的政府廉洁度指数连续四年保持第一；衢州市、宁波市和丽水市的政府廉洁度指数相较前两年稳中有进；舟山市和杭州市的政府廉洁度

指数连续四年不同程度下降，需引起重视；湖州市和金华市的政府廉洁度指数
止步三连跌，稳中有进。

表 4-1　2019 年和 2020 年浙江省 11 个地级市政府廉洁度排名情况

地级市	2019 年排名	2020 年排名	排名变化
杭州	3	5	−2
宁波	3	3	0
温州	10	4	+6
嘉兴	1	1	0
湖州	9	9	0
绍兴	2	2	0
金华	8	8	0
衢州	11	6	+5
舟山	5	11	−6
台州	7	7	0
丽水	6	10	−4

第一，浙江省 11 个地级市的政府廉洁度水平总体较高。2020 年，浙江省
11 个地级市政府廉洁度指数平均值为 77.53，较 2019 年(83.60)有所下降。

第二，浙江省 11 个地级市政府之间的廉洁度差距在不断缩小，但仍有进
一步优化的空间。2018 年，浙江省 11 个地级市之间政府廉洁度指数的标准
差为 11.16，各地级市之间差距较大；2019 年，各地级市之间标准差较 2018
年有所下降，为 10.11，但差距仍然较大；2020 年，各地级市之间标准差较
2019 年继续下降，为 8.88。

4.1.2　基于评估结果的观察与建议

(1)基于评估结果的观察分析

习近平总书记曾用"干部清正、政府清廉、政治清明"来形容科学有效的
腐败防治体系。干部清正指的是干部要做到信念坚定、为民服务、勤政务
实、敢于担当、清正廉洁，这不仅是腐败防治体系的基础环节，更是新型政商

关系的核心内容。因此，我们在指标设计时，将政府廉洁度界定为各地级市的干部清正程度。研究发现，各地级市被通报的违纪"官员"不仅包括公务员，也包括事业单位、国有企业等机构内所有行使公权力的人员，因此将机关和事业单位就业人员总和作为基数进行分析，以一个地区被纪检监察部门查处的官员占国家工作人员的比例来测评该地区的干部清正程度具有一定的科学性。

根据测算结果，2021年嘉兴市继续保持政府廉洁度指数第一，这很大程度上取决于其在反腐领域和正风肃纪领域的决心和意志，交出七张满意答卷。一是一以贯之推进全面从严治党，坚持系统施治、标本兼治，推动红船起航的全面从严治党在新的更高起点上开创新局面。二是强化政治监督，严明政治纪律，强化纪律保障，落实整改责任，交出严明纪律、护航发展的高分答卷。三是一体推进"三不"，持续强化"不敢"，做实"不能"，巩固"不想"，交出惩防并举、标本兼治的高分答卷。四是深化作风建设，坚持不懈纠"四风"，久久为功树"新风"，持之以恒优化营商环境，交出狠纠"四风"、弘扬新风的高分答卷。五是坚持人民至上，维护好群众切身利益，规范好基层权力运行，以监督促进基层治理，交出维护民利、基层善治的高分答卷。六是完善监督体系，推动智慧监督，提升监督效能，交出系统施治、协同高效的高分答卷。七是建设清廉嘉兴，深化"四责协同"机制，推进清廉单元建设，持续优化政治生态，交出纵深推进、全线共进的高分答卷。

（2）相关政策建议

总的来看，浙江省11个地级市在政府廉洁度指标上仍有进一步提升的空间。在提升政府廉洁度方面，政府应真正理解"清"的含义，这既包括官员的廉洁清正，也包括官员的担当作为。结合上述分析，为了进一步提升浙江省政府廉洁度，优化营商环境，我们提出以下对策建议。

在提升政府廉洁度方面，各级政府要自觉把握和运用党的百年奋斗历史经验，弘扬伟大建党精神，坚持严的主基调不动摇，坚持不懈把全面从严治党向纵深推进，持续深化不敢腐、不能腐、不想腐一体推进，惩治震慑、制度约束、提高觉悟一体发力，将制度优势转化为监督效能。

第一，持续提升政治监督质效。贯彻落实习近平新时代中国特色社会主义思想,把握"国之大者"的内涵要义,推动政治监督具体化常态化。 持续增强对"一把手"和领导班子监督实效,落实"五张责任清单"要求,推动领导干部树立正确的监督观,严格自律、严负其责、严管所辖。 加强换届风气监督,推动营造风清气正的换届环境。

第二,更加自觉保持反腐败政治定力。 精准研判反腐败斗争主攻方向,聚焦突出形态、重点领域、关键环节,一刻不停惩治腐败,对不收敛、不收手的坚决查处,对年轻干部从严教育管理监督。 着重抓好国企、政法、资源、教育、医疗、金融等领域腐败治理,深化粮食系统腐败、开发区建设腐败等突出问题专项整治,坚决整治平台垄断、资本无序扩张等背后腐败行为,斩断权力与资本勾连纽带。 持续完善行贿联合惩戒机制,探索建立行贿人"黑名单"制度。 实事求是精准运用政策策略,将"四种形态"落实到执纪执法全过程。

第三,更加精准有效纠治"四风"顽瘴痼疾。 坚决纠治不担当不作为不负责、加重基层负担等形式主义、官僚主义,督促领导干部树立正确政绩观,杜绝装样子、搞花架子、盲目铺摊子。 深入整治享乐主义、奢靡之风,以变应变、精准施策,坚决防止隐形变异。 坚持纠树并举,以优良党风政风带社风民风,持续推动风气向善向好。

第四,持续推动基层监督融入基层治理。 深入实施基层监督"巩固深化年"活动,全面建强基层监督网络。 完善"群众点题、部门答题、纪委监督、社会评价"工作机制,持续开展漠视侵害群众利益问题专项治理。 加强对各项惠民富民、促进共同富裕政策措施落实情况的监督检查,推动常态化"打伞破网"做深做实,驰而不息整治群众身边腐败和作风问题。

第五,持续健全巡视巡察上下联动格局。 完善巡视巡察上下联动工作格局,推广运用"市级巡察机构在上下联动中更好发挥作用"专项试点经验,建立健全由设区市巡察机构统筹、所辖县市区协同的联动监督模式。 强化以巡促改、促建、促治,更好发挥巡视巡察系统优势和综合监督作用。

第六,持续把制度优势转化为治理效能。 制定推进"四项监督"统筹衔接的实施意见,加快构建既分兵把守又同向发力的监督体系。 推进纪检监察工作规范化、法治化、正规化建设,进一步加强上级纪委监委对下级纪委监委的领导、派出机关对派驻机构的领导,配套完善省级纪检监察制度体系。 以开发区(园区)、高校国企纪检监察机构建设等为重点,推进派驻机构改革实现形神兼备。 全面推进公权力大数据监督应用建设,努力打造智慧监督的"金名片"。

第七,持续推动清廉浙江建设。 围绕打造"亲清"政商关系先行示范省,深入贯彻落实浙江省构建"亲清"政商关系的意见,探索建立领导干部接到请托登记报告、亲属从业及从事经营活动报告等制度,督促领导干部廉洁从政、廉洁用权、廉洁修身、廉洁齐家,做到亲不逾矩、清不远疏、公正无私、有为有畏。

4.2 浙江省新型政商关系政府透明度分析

4.2.1 浙江省政府透明度评估结果分析

(1)政府透明度指标说明

2021 年政府透明度指标与上年保持一致,下设"信息公开度"和"政府透明度"2 个二级指标。 其中,信息公开度指各地级市对于公民依法依规的信息公开申请办结情况,数据主要来源于各地级市 2021 年政府信息公开工作年度报告。 财政透明度指的是各地级市政府按照全口径、一站式、用户友好原则对财政信息进行公开的情况,数据主要来源于清华大学公共管理学院发布的《2021 年中国市级政府财政透明度研究报告》。 具体指标设置情况如表4-2所示。

表 4-2 2021 年评价指标体系中"政府透明度"指标

一级指标	二级指标	三级指标	数据来源
政府透明度	信息公开度	信息依申请办结情况	各地级市政府信息公开年报
	财政透明度	财政透明度	清华大学《2021 年中国市级政府财政透明度研究报告》

（2）政府透明度指标总体评估分析

浙江省 11 个地级市的政府透明度指数的平均值为 70.8，其中指数最高的是绍兴市，为 81.4，最低的是丽水市，为 59.5，各地级市间的差距在逐步缩小。 从评估结果来看，排名前三位的是绍兴市、嘉兴市和杭州市；排名后三位的是温州市、舟山市和丽水市，如图 4-3 所示。

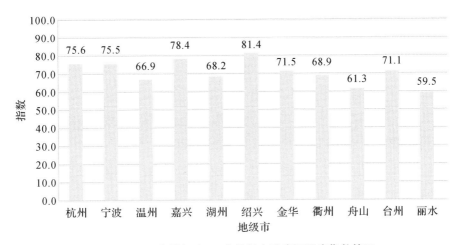

图 4-3　2021 年浙江省 11 个地级市政府透明度指数情况

从排名变动情况来看，杭州市的排名与上一年持平，排名第三；宁波市、嘉兴市、绍兴市、台州市都有所进步，尤其是绍兴市，排名第一；温州市、湖州市、金华市、衢州市、舟山市、丽水市的排名有所下降，其中温州市和湖州市各下降 2 名，舟山下降 6 名，如表4-3 所示。

表 4-3　2021 年浙江省 11 个地级市政府透明度排名变化表

地级市	2021 年排名	排名变化
杭州	3	0
宁波	4	5
温州	9	−2
嘉兴	2	3
湖州	8	−2
绍兴	1	10

续　表

地级市	2021 年排名	排名变化
金华	5	−4
衢州	7	−5
舟山	10	−6
台州	6	4
丽水	11	−3

评估发现:

①浙江省 11 个地级市政府透明度总体较高。

2021 年浙江省 11 个地级市政府透明度指数的平均值为 70.8,这表明在政府改革推动下,浙江省 11 个地级市政府透明度总体处于相对较高水平。

②浙江省 11 个地级市政府透明度的差距相对较小。

2021 年,浙江省 11 个地级市中,绝大多数地级市的政府透明度指数在 60—70 之间,标准差为 6.46,这表明 2021 年各地级市都尤为重视政府透明度建设,各地级市之间差距相对较小。

(2)分指标情况说明

①财政透明度分析。

在财政透明度方面,得分最高的地级市是杭州,为 100.0 分,得分最低的是丽水,仅有 70.0 分。 浙江省 11 个地级市的平均得分为 84.3 分,杭州、湖州、温州、舟山、绍兴、金华等 6 个地级市得分均高于全省平均得分,占比 54.5%。 从分组情况来看,可以将浙江省 11 个地级市划分为 3 个梯队:第一梯队是得分在 90 分及以上的地级市,包括杭州和湖州,其中,杭州财政透明度不仅在省内遥遥领先,在全国范围内也能够排进前三名;第二梯队为得分在 80—90 之间的地级市,包括温州、舟山、绍兴、金华、宁波、嘉兴,平均得分为 85.5 分,占比 54.5%;第三梯队为得分在 80 分以下的地级市,包括衢州、台州和丽水,平均得分为 73 分,占比 27.3%,如表 4-4 所示。

表 4-4　浙江省 11 个地级市政府财政透明度得分及排名

地级市	得分（满分 100.0）	排名
杭州	100.0	1
湖州	94.9	2
温州	87.6	3
舟山	87.4	4
绍兴	86.5	5
金华	85.5	6
宁波	83.1	7
嘉兴	83.0	8
衢州	78.5	9
台州	70.6	10
丽水	70.0	11

在预算纳入机构和部门的全面性方面，杭州、湖州、嘉兴 3 个地级市均得到满分（50），表明这些地级市在预算纳入主体方面表现良好。温州、绍兴、宁波、台州、金华、丽水、舟山 7 个地级市处于中等水平，衢州得分最低，仅为 34 分，如图 4-4 所示。

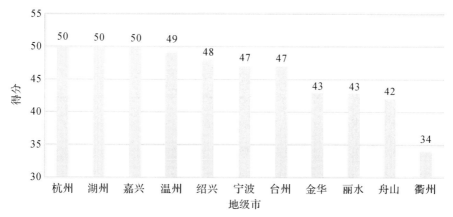

图 4-4　浙江省 11 个地级市预算纳入机构和部门的全面性得分情况

在政府预算与预算执行情况公开方面，得分最高的地级市是嘉兴，为295.0 分（满分 340.0），得分最低的地级市是衢州，仅有 180.5 分。浙江省 11

个地级市的平均分为 243.5 分,嘉兴、金华、湖州、台州、杭州、宁波、舟山 7 个地级市得分高于全省平均得分,占比 63.6%。 从分组情况来看,可以将浙江省 11 个地级市划分为 3 个梯队:第一梯队为得分在 260 分及以上的地级市,包括嘉兴、金华、湖州 3 个地级市,平均得分为 282.5 分,占比 27.3%;第二梯队为得分在 220—260 分之间的地级市,包括台州、杭州、宁波、舟山、绍兴 5 个地级市,平均得分为 248.7 分,占比 45.5%;第三梯队为得分在 220 分以下的地级市,包括温州、丽水、衢州,平均得分为 195.8 分,占比 27.2%,如表 4-5 所示。

表 4-5 浙江省 11 个地级市"政府预算与预算执行情况公开"得分及排名

地级市	得分(满分 340.0)	排名
嘉兴	295.0	1
金华	287.4	2
湖州	265.2	3
台州	257.8	4
杭州	256.1	5
宁波	251.6	6
舟山	248.6	7
绍兴	229.4	8
温州	214.0	9
丽水	193.3	10
衢州	180.5	11

②信息公开度分析。

在信息公开度方面,政府信息依申请公开按时办结率最高的地级市是绍兴,为 97.93%,最低的地级市是湖州,仅为 94.47%。 浙江省 11 个地级市平均按时办结率为 96.30%,绍兴、嘉兴、宁波、衢州、台州等 5 个地级市高于全省平均水平,占比 45.5%。 从分组情况来看,可以将浙江省 11 个地级市划分为 3 个梯队,第一梯队为按时办结率在 97% 及以上的地级市,包括绍兴、嘉兴、宁波,占比 27.3%;第二梯队为按时办结率在 95%—97% 之间的地级市，包括衢州、台州、温州、金华、丽水、杭州，占比 54.5%；第三梯队为按时办结率在 95% 以下的地级市，包括舟山、湖州，占比 18.2%，如表 4-6 所示。

表 4-6　浙江省 11 个地级市政府信息依申请公开按时办结率及排名

地级市	政府信息依申请公开按时办结率/%	排名
绍兴	97.93	1
嘉兴	97.48	2
宁波	97.42	3
衢州	96.79	4
台州	96.57	5
温州	96.19	6
金华	96.03	7
丽水	95.78	8
杭州	95.72	9
舟山	94.91	10
湖州	94.47	11

2021 年绍兴市政府信息依申请公开按时办结率为 97.93%，在浙江省 11 个地级市中排名第一。 通过分析发现，2021 年绍兴市收到公民信息公开申请共 1909 条，上年结转 70 条，当年按时办理 1938 条。 绍兴市排名靠前，一方面是其收到的信息公开申请数量较少，工作压力相对较小，另一方面与绍兴市近年来围绕政务公开采取的一系列举措密切相关。 2021 年，绍兴市围绕依申请公开"规范化"，建立疑难件联合会商机制、合法性"双审查"机制、"周报送、周瞭晒、周督查"全程跟踪管理机制等，出台《近五年政府信息公开行政争议案件分析报告》《依申请公开规范答复指南》，汇编全市 32 个典型案例，形成《绍兴市政务信息依申请公开典型案例选编（2018—2020 年）》。 这些都是绍兴市提高信息依申请公开的有力手段。

湖州 2021 年收到的公民信息公开申请共 827 条，另有上年结转信息公开申请 41 条，当年共办结 820 条。 湖州市收到的公民信息公开申请数量在 11

个地级市中并不算多,但其按时办结率较低,表明其在信息公开中仍存在一些不足:公职人员政务信息公开的意识与能力不足,对于公民依申请信息公开的重视度不够,导致按时办结率相对较低;数字化手段运用不够多,如数字化理念运用较少,在政务公开领域数字化创新方法不多,无法运用数字化手段来缓解公职人员回复信息公开申请的压力。

4.2.2　基于评估结果的观察与建议

综合以上分析发现,浙江省政府透明度总体水平相对较高,且区域间差距相对较小,这表明浙江省透明政府建设系列改革取得了一定成效。 但进一步来看,浙江省 11 个地级市在政府信息公开度和财政透明度方面仍有进一步提升的空间。 结合上述分析,为进一步提升浙江省政府透明度,我们提出以下对策建议。

第一,进一步完善政府信息公开目录体系,提高政府已公开信息的可获取性。 当前在浙江省各地政府信息公开过程中,一个重要的问题是,各类动态信息虽然已及时发布,但较为零散且不成体系,加之搜索引擎可用性差,公民只能在信息公开栏中逐一查阅所需信息,在这一过程中由于疏忽,可能会导致已公开的信息被跳过,在增加公民行政负担的同时,也增加了政府部门信息公开工作的压力。 针对这一情况,浙江省各地级市要对已经公开的信息进行系统化梳理,通过对信息进行分类、打标签等方式,推出一个完备的、精准的、动态调整的政府信息公开目录,并将其置于政府信息公开查询的最顶端,使得公众能够直接获取其所需的信息是否已公开、公开链接如何查询等信息,以提高政府透明度。

第二,进一步提高政府信息公开与公众需求的匹配度,充分满足公众的信息需求。 浙江省内各个地级市收到的公众信息公开申请数量相对较多,这表明政府部门已经公开的信息并没有能够满足公众的需求。 为了进一步提高政府部门信息公开与公众需求的匹配度,各地政府可以借助数字技术将近年来所收到的信息公开申请数据进行汇聚与整合,并按照条目进行分类,在此基础上,根据所在地级市各类信息公开申请数量的多寡,聚焦于高频词信息类别,开展政府信息公开的专项行动,以充分满足公众需求。

第三，对负责政府信息公开的工作人员进行岗位培训，提高其回应非常规信息需求的业务能力。课题组通过研究发现，当前浙江省各地级市绝大多数负责政府信息公开的人员为兼职性质，且流动性较大，开展政务公开工作的动力不足、能力不强，对依申请公开这种疑难问题的了解不够深入。在人员编制问题难以解决的情况下，各地可以对负责政府信息公开的人员开展业务培训，一方面要强调政府信息公开工作的重要性和必要性，增强其开展信息公开、回应公众需求的意愿与动力；另一方面，要注重对工作人员业务能力的培养，因为公众提出的信息公开申请大多属于非常规信息，因此在培训中要着重培养其应对非常规信息需求的能力，以提高信息公开申请按时办结率。

与此同时，在政府信息公开过程中，各地级市政府要加强对财政信息的公开，在坚持财政信息公开全口径、用户友好、一站式等原则的基础上，在浙江省内建立财政信息公开的学习机制。具体而言，一方面，当前各地级市的财政信息主要在政府门户网站公开，虽然各地公开的具体内容略有差异，但是公开的形式、网站的设计、信息呈现的方式都可以按照统一标准来设定，这使得财政信息公开有向其他地区学习的必要性；另一方面，杭州市财政信息公开水平不仅在全省遥遥领先，在全国范围内也能够进前三名，省内其他地级市可以学习杭州的公开模式，再结合本地特征加以灵活运用，以提高政府的财政透明度。

4.3 浙江省新型政商关系政府廉洁感知度分析

4.3.1 浙江省政府廉洁感知度评估结果分析

(1)政府廉洁感知度指标总体评估分析

在"政府廉洁感知度"一级指标之下，设置1个二级指标"企业对政府廉洁的感知度"，其下设置1个三级指标"企业对政府廉洁的感知度"。我们使用浙商研究院启动的"2022年度浙江省亲清政商关系调查研究"的调查数据，对各市企业对于政府廉洁的感知度进行评估。从评估结果来看，浙江省

11 个地级市的政府廉洁感知度指数的平均值为 78.3，并呈现出较为明显的梯度差异：指数在 90 及以上的有 1 个地级市，指数在 80—90 之间的有 5 个地级市，指数在 70—80 之间的有 2 个地级市，指数在 60—70 之间的有 3 个地级市。排名前三位的是金华、绍兴、衢州；排名后三位的是杭州、宁波、湖州，如图 4-5 所示。

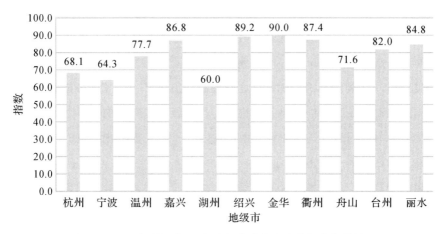

图 4-5　2021 年浙江省 11 个地级市政府廉洁感知度指数情况

　　相比于 2020 年评价中主要通过"创业者对廉洁的感知度"和"专业人士对廉洁的感知度"这 2 个三级指标来测度"政府廉洁感知度"，我们通过回溯思考和事后调研征求各地级市意见，对该指标测度进行了较大幅度修正，如表 4-7 所示。主要原因有以下三个方面：一是，"政府廉洁感知度"的原有测度方式已经不再适用，该测度源自浙江工商大学浙商研究院 2018 年所做的"浙江创业观察"，而该项调查每两年开展一次，2020 年的调查受到新冠疫情影响没有开展，我们仍旧沿用 2018 年的数据，故本次评估不再使用该指标；二是，"专业人士对廉洁的感知度"原本是为了对偏陈旧的"创业者对廉洁的感知度"进行一定程度的修正，主要方法是通过问卷调查从事浙商研究的学者、政府部门及企业界人士，获得其对于各地级市创业者对政府廉洁的主观感知度。因为该指标的主观性较强，我们控制了其所占权重，但在后面的调研过程中发现，该评价结果的主观性依旧较强，故而不再采用"创业者对廉洁的感知度"指标，也不再使用"专业人士对廉洁的感知度"指标；三是，浙商研究院启动了覆盖全省 11 个地级市的"2022 年度浙江省亲清政商关系调查研究"，我们以该数据取代了原先的"浙江创业观察"数据，该调查主要通过线上进行，能在一定程度上消除新冠疫情带来的影响。

表 4-7　2020 年和 2021 年评价指标体系中"政府廉洁感知度"指标的对比

年份	一级指标	二级指标	三级指标	数据来源
2020 年	政府廉洁感知度	政府廉洁感知度	创业者对廉洁的感知	浙商研究院调查数据
			专业人士对廉洁的感知	
2021 年	政府廉洁感知度	企业对政府廉洁的感知度	企业对政府廉洁的感知度	浙商研究院调查数据

(2)分指标情况说明

"2022 年度浙江省亲清政商关系调查研究"的调查问卷第 22 题中，问及被调查者当前政商关系不"清"的原因包括 10 个选项；而我们在问卷填写设置时，最多允许填写 5 项（超过 5 项的作废）。 在"企业对政府廉洁的感知度"指标计算方面，我们的方法如下：

第一步，根据问卷 20 题中所选取的选项数量，确定填写者认为当前政商关系"不清"的感知程度。 如选取 4 项，则"不清"的感知程度为 4。

第二步，进行反向处理，问卷设置最多可选 5 项，用 6 减去所选项数，确定"廉洁"的感知程度。 如"不清"的感知程度为 4，则"廉洁"的感知程度为 2。

第三步，在地级市层面进行汇总，求出政府廉洁度的平均值，生成该指标的测算值。

第四步，再对该测算值进行标准化处理，得到指标化后的得分，如表 4-8所示。

表 4-8　2021 年浙江省 11 个地级市企业对政府廉洁的感知度指标测算结果

地级市	企业对政府廉洁的感知度	指标化后得分
杭州	3.08	68.11
宁波	2.93	64.25

续　表

地级市	企业对政府廉洁的感知度	指标化后得分
温州	3.46	77.71
湖州	3.82	86.81
嘉兴	2.76	60.00
绍兴	3.92	89.22
金华	3.95	90.00
衢州	3.84	87.37
舟山	3.22	71.62
台州	3.63	82.00
丽水	3.74	84.76

从测算结果来看,金华市企业对政府廉洁的感知度水平较高,是唯一得分超过 90 分的地级市;绍兴市、衢州市、湖州市、丽水市和台州市企业对政府廉洁的感知度水平也较高,得分均超过 80 分;温州市和舟山市的得分在 70—80 之间;杭州市、宁波市和嘉兴市的得分在 60—70 之间。

4.3.2　基于评估结果的观察与建议

(1)基于评估结果的观察分析

政府廉洁感知度直接涉及"亲清"政商关系的"清"这一方面,而且是新型政商关系构建的直接感受,政府在构建新型政商关系时不仅要自己做得好,也要让企业感受得到。 评估发现,当前浙江省 11 个地级市在政府廉洁感知度的构建上还存在着较大差异,表现较好的是金华、绍兴和衢州,而嘉兴得分最低。 我们将从"做与感受的差别"和"感受到哪些没做好"这两个方面,基于评估结果来展开分析。

①政府的廉洁透明与企业对其的感知度。

浙江省 11 个地级市政府廉洁度指数、政府透明度指数和政府廉洁感知度指数及排名情况如表 4-9 所示。 我们可以看出,在政府构建新型政商关系的努力与企业的直观感受上,还存在一定的差距。 我们把政府廉洁度指数和政府透明度指数进行加总后计算平均值,得出政府构建新型政商关系努力的综合排名,再与政府廉洁感知度的排名进行比较,然后分成三类进行讨论。

表 4-9　浙江省 11 个地级市政府廉洁度、政府透明度与政府廉洁感知度指数及排名

地级市	政府廉洁度指数	排名 1	政府透明度指数	排名 2	综合排名	政府廉洁感知度指数	排名 3
杭州	79.61	5	75.55	3	1	68.11	9
宁波	85.47	3	75.50	4	2	64.25	10
温州	80.99	4	66.93	9	7	77.71	7
嘉兴	90.00	1	78.37	2	10	86.81	4
湖州	71.41	9	68.25	8	6	60.00	11
绍兴	88.24	2	81.38	1	3	89.22	2
金华	74.57	8	71.47	5	4	90.00	1
衢州	78.35	6	68.91	7	5	87.37	3
舟山	60.00	11	61.29	10	11	71.62	8
台州	75.89	7	71.14	6	8	82.00	6
丽水	68.43	10	59.51	11	9	84.76	5

第一类,综合排名与感知度排名基本吻合,包括温州、绍兴、衢州和台州。这说明这些政府在建设廉洁和透明的努力,让企业充分感知到了,政府的工作落到了实处,取得了积极成效,实现了"做了多少,也被看到了多少"。

第二类,综合排名高于感知度排名,包括杭州、宁波和湖州。特别是杭州和宁波,综合排名和政府廉洁感知度排名均相差 8,这说明当地政府的廉洁与透明没能让企业充分感知到,"做了许多,却没有被看到"。结合我们在宁波的实地调研,可能是宁波这方面的工作偏"抓大放小",而我们的调查样本中有较多的中小企业,故而有此较大差别。

第三类,综合排名低于感知度排名,包括嘉兴、金华、舟山和丽水。这说明企业的感知高于政府实际所为,主要可能是企业要求不高、对于政府的努力有着超额的感知。特别是嘉兴,综合排名与感知度排名相差 6,说明当地政府可能在宣传上较为有效,使得表现与感知出现"倒挂",政府直接"躺赢",也说明这两地的企业家可能并不太在乎政府廉洁透明状况。

②廉洁感知中的重点内容。

浙商研究院"2022 年度浙江省亲清政商关系调查研究"在调查问卷第 22 题中问及被调查者当前政商关系不"清"的原因,包括 10 个选项,即 10 个原因:"1.政府主导资源配置的权力过大;2.政务服务不公开不透明;3.市场不规范;4.反映和解决问题的渠道不畅通;5.企业生产经营做不到完全遵纪守法;6.人情社会礼尚往来;7.个别企业家为追求不当利益拉拢党政干部;8.党政干部个人素质不高禁不住诱惑;9.受到不良社会风气影响;10.其他。"

调查所得情况如图 4-6 所示。 可以看出,调查者认为当前政商关系不"清"的最主要的原因是 1 和 4,分别占 40.93% 和 39.65%;其次是原因 6 和 3,分别占 36.63% 和 34.71%;再次是原因 5、7 和 2,分别占 24.82%、22.99% 和 20.24%;最后是原因 8、9、10,分别占 17.58%、14.84% 和 1.47%。

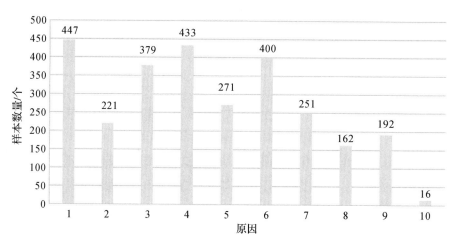

图 4-6 "2022 年度浙江省亲清政商关系调查研究"中当前政商关系不"亲"的原因分布

我们可以看出当前浙江省新型政商关系中不"清"的表现与原因有较好的对应关系,集中表现在如下三个方面。

第一,党政干部权力过大,导致企业(家)开展交往时难"清"。 调查结果显示,"政府主导资源配置的权力过大"(占比 40.93%),是本次调查中占比最大的选项,说明企业(家)是因为党政干部手中权力而与之交往;进而,部分企业(家)为了从党政干部手中权力获取利益,而与党政干部开展不"清"的交往,"个别企业家为追求不当利益拉拢党政干部"(占比 22.99%);调查结果显示"党政干部个人素质不高禁不住诱惑"(占比14.84%),使得其通过与企业(家)进行不"清"交往,而将手中掌握的权力变现。因此,我们认为,要让政商关系"清"起来,首要在于推进政府职能转变,避免权力集中而使得部分党政干部成为企业(家)不"清"的交往对象。

第二,政商关系的"亲清"文化尚未形成,使得政商交往难"清"。调查结果显示,"人情社会礼尚往来"(占比36.63%)、"市场不规范"(占比34.71%)、"企业生产经营做不到完全遵纪守法"(占比24.82%)、"受到不良社会风气影响"(占比17.58%)等都占比较大,说明企业(家)认为社会上政商"亲清"交往的整体文化尚未形成,导致当前政商交往不"清"。对此,我们认为有必要进一步推进社会整体"亲清"文化的培育和建设,比如依托传统文化中的优秀积极元素,培育新时代的"亲清"文化;又比如加大力度开展"清廉民企"建设,让企业(家)自觉自愿建立起清廉制度,在实践中内化形成清廉文化,并通过切实的降本增效,提高清廉文化建设的获得感,进而形成正向循环。

第三,沟通渠道缺乏,使得政商沟通不畅而难"清"。调查结果显示,"反映和解决问题的渠道不畅通"(占比39.65%),"政务服务不公开不透明"(占比20.24%)也是本次调查中占比较大的选项。这表明在缺乏沟通渠道,而且政府相关信息又不够透明公开的情况下,非常容易滋生不"清"的交往。所以,正如从"亲"的角度推进政商关系构建时要着力加强沟通渠道建设一样,各级党委政府要加快搭建与企业(家)的沟通渠道与机制,并善于利用数字化手段与平台,让政商在"阳光"下交往,则政商关系自然就会"亲"且"清"。

(2)相关政策建议

基于上述评价体系所做出的评估结果,我们认为在提升政府廉洁感知度方面,各地政府既要加快制定规则划清政商交往的边界,又要加大并创新宣传力度和方式。

一是依规行使权力,加大力度制定和完善各类政商交往的规则体系,列出各类清单明确行为,用"负面清单"来确定企业经营范围,用"权力清单"来明确政府的行为界限,用"责任清单"来明确监管范围并加强考核要求。

二是创新宣传方式，加大正面宣传力度，指导报、台、网等主流媒体继续办好相关专栏专题，坚持线上线下联动，强化正反典型教育，既扬正面典型树标杆，又揭反面典型明底线，还可以利用地铁公交等公共交通场所开展宣传，并打造"云展厅"等多种新型宣传方式，将清廉政府建设宣传到位。

三是营造清廉文化，扎根社会主义文化、利用中华优秀传统文化，培育全社会的清廉文化，在"清廉浙江"工程中推进"清廉机关""清廉国企""清廉民企"等重点项目建设，形成政商清廉文化氛围。

5
台州市"亲清"政商关系案例

2014 年 11 月，国家主席习近平在亚太经合组织工商领导人峰会开幕式上演讲时说："我们强调要更好发挥政府作用，更多从管理者转向服务者，为企业服务，为推动经济社会发展服务。"2016 年 3 月，习近平在看望参加全国政协十二届四次会议的民建、工商联委员时发表重要讲话，强调构建"亲""清"新型政商关系。"亲"和"清"是习近平总书记对新型政商关系内涵进行的理论概括。 对于领导干部来说，"亲"就是要坦荡真诚同民营企业接触交往，特别是在民营企业遇到困难和问题情况下更要积极作为、靠前服务，对非公有制经济人士多关注、多谈心、多引导，帮助解决实际困难，真心实意支持民营经济发展；"清"就是同民营企业家的关系要清白、纯洁，不能有贪心私心，不能以权谋私，不能搞权钱交易。 对民营企业家来说，所谓"亲"，就是积极主动同各级党委和政府部门多沟通多交流，讲真话、说实情、建诤言，满腔热情支持地方发展；所谓"清"，就是要洁身自好、走正道，做到遵纪守法办企业、光明正大搞经营。 党的十九大报告指出："构建亲清新型政商关系，促进非公有制经济健康发展和非公有制经济人士健康成长。"构建"亲清"新型政商关系，是习近平新时代中国特色社会主义思想的重要内容，对于推动形成清明、清廉、清正、清朗的政治生态和透明、法治、公正、高效的商业生态，对党和国家的经济社会良性发展具有十分重要的理论指导意义。

台州作为改革开放先行区、民营经济重要发祥地、股份合作经济发源地，在这里，99.5％的企业是民营企业。 从家族企业，走向现代企业；从自我积累的内生发展，走向海外并购的裂变式发展；从低散弱和块状经济，走向七大千亿级产业集群。 经历着一次次的嬗变，台州民营经济从小到大、从弱到强，并已成为台州强市之基、富民之本、活力之源、制造之根，眼下的台州再次奏响民营经济新辉煌的华章。 打造最优营商环境，是台州民营经济再创新辉煌的重要举措。 台州聚焦民营企业高质量发展，制定了系列政策措施，不断深化改革，坚持简政、降本、服务并举，以更暖心的"组合拳"全力打造一流营商环境，进一步激发市场主体活力，提振民企发展信心。 新的发展背景下，民营经济的创新发展对"亲清"政商关系构建有着迫切的需求。

　　本研究以浙江省台州市为例，剖析其在"亲清"政商关系构建过程中的主要做法，实地调研其主要成效及不足，构建台州"亲清"政商关系指标体系，用科学的指标测量方法刻画各县（市、区）"亲清"政商关系建设情况，通过指标评价体系推动各地"亲清"政商关系工作落地，提升台州市以企业满意度为导向的营商环境水平。

5.1　台州市构建"亲清"政商关系的基本情况与主要做法

　　台州是民营经济的先发地区，也是转变政府职能的先行地区。 多年来，台州一以贯之秉持"强化政府服务、优化营商环境、振兴民营经济"基本思路，出台系列政策，以数字化改革为牵引，着力深化"放管服"改革，给予企业发展全方位的引导服务与政策支持，市场主体活力得到进一步的激发。 台州市委、市政府相继出台《关于构建"亲""清"新型政商关系的若干意见》《关于进一步激发民间投资活力促进经济持续健康发展的实施意见》《关于推进清廉民营企业建设的实施方案》等文件，市纪委监委也先后出台《关于发挥纪检监察职能作用服务保障全面深化改革再创民营经济新辉煌的实施意见》《关于充分发挥职能作用护航民营经济稳定健康发展的实施意见》等文件，为台州构建"亲清"关系保驾护航。 为破解民营企业融资难题，开展发放亿元"抵息券"行动，设立全国首个地方商标质押登记受理点，首发小微金融指数、小微金融学院等;为进一步构建良好的营商环境,企业开展注销"一件事"改革,推进企业办事"无证明化"改革,深入推进"最多跑一次"改革,工业用地实施"标准地"改革,优化服务跨区域协同;为更好地服务企业,维护其权益,设立民营企业维权平台,同时注重人才培养,帮助提升企业国际化运作能力。 具体而言,主要做法如下。

(1)出台系列政策,完善顶层设计

台州市针对政商关系出台了一系列制度文件,主要集中在金融服务环境的优化上,针对民营经济发展、民间资本参与、优化市场环境等方面,逐步搭建起台州市"亲清"政商关系制度体系。 主要内容如下:

第一,2018 年出台《关于进一步激发民间投资活力促进经济持续健康发展的实施意见》等 20 多项政策,着力破除民间投资政策障碍,做到"非禁即入"。

第二,2019 年 1 月出台《关于进一步减轻企业负担优化民营经济发展环境的实施意见》,进一步降低制度性交易成本、用电等要素成本、物流成本、融资成本,加大涉企收费清理规范力度,落实减税减费减租减息减支"五减"工作任务。

第三,2019 年 7 月出台《关于构建"亲""清"新型政商关系的若干意见》,严明政商交往纪律,明确政商交往中包括公职人员交往行为的 10 项负面清单,以及民营经济人士"不踩红线、不行贿、不欠薪、不逃税、不侵权、不逃废债"的"六不"行为准则。

第四,2021 年 1 月出台《台州市加快推进境外并购的十条意见》等系列政策,对符合条件的海外并购企业,给予贷款贴息、投保保费、资金奖励等支持,设立区域高端产业并购基金,为企业并购服务提供资金保障。

(2)拓宽融资渠道,破解企业难题

为了满足小微企业多元融资需求,破解融资难、融资贵等关键性难题,台州深入探索知识产权质押融资综合创新,开展金融服务民营企业融资帮扶、金融辅导和培训、联合走访和调研等活动,并取得了一定的实效。

开展发放亿元"抵息券"行动，积极探索地方财政与银行让利联动直达惠企新机制，2020 年在浙江省内首发总规模 1 亿元的"抵息券"，市县两级财政与 12 家地方法人银行按 1∶1 出资；创新知识产权质押融资，加强质押融资品种创新，针对单个专利质押金额难以满足资金需求的问题，探索办理浙江省首笔"三合一"混合质押贷款，指导金融机构开发"专利贷""标贷通"等特色贷款产品，常态化推广知识产权质押融资工作；首发小微金融指数，首创小微金融学院，在全国率先创设以"小微金融"为主题的台州小微金融学院，依托台州学院办学资源，联合上海财经大学、地方法人金融机构，探索"政产学企"合作办学模式，加强小微金融理论和实践研究，打造全国有影响力的小微金融人才培养和小微金融研究"双基地"；开展金融"三服务"和"万员助万企"活动，在浙江省率先打造"万员助万企"金融"三服务"品牌，创新推行"党建＋金融＋数字"工作法，多年来坚持动员市县两级金融系统 1 万多名党员干部职工深入全市万家以上企业、基层、农户，推进金融机构与村居企业共建党建联盟、金融服务大走访、首贷户拓展、"信用有价"工程、企业降本减负、"线上＋线下"融资对接、企业上市 100 计划、金融惠民扩面提升等专项行动。

（3）简化审批流程，提供全程服务

台州充分发挥全国首批地方商标受理窗口基础优势，全力推进窗口便利化标准化示范化建设，对窗口进行迭代升级，丰富窗口服务资源，形成服务的集聚和功能聚集，实现跨层级、跨部门、跨门类"一站式"服务；企业开办"一件事"改革，创设企业开办"210"标准，健全"一张清单"制度的推进机制，全面落实非禁即入的工作要求，持续破除各种显性障碍、隐性壁垒；实施企业开办量化提升行动，将企业开办环节从 6 个压缩至 2 个，把常态化企业开办限制在 1 个工作日内办结，对于企业开办费用进行财政补贴，实现"零成本"（2 个环节、1 天办结、0 费用），在台州开办企业现已进入极简模式，在浙江省内处于领先水平。

同时，为进一步破除企业注销环节存在的注销难问题，彻底解除市场主体后顾之忧，台州在市场主体退出环节也进行了深入的改革，聚焦企业注销便利化改革,实现市场主体"进退自如"。运用数字化理念推动"证照注销联办"向跨部门多领域协同审批迭代,破解困扰市场主体在退出环节"跑多次、进多窗、管多头"的问题,缩减了超过60%的手续与时限。

(4)"妈妈式"服务,回应企业诉求

台州各级党委政府提供全方位、无微不至、无私奉献的"妈妈式"服务,创造"爱商、亲商、重商"的高质量营商环境,让企业有更多的归属感和荣誉感。设立民营企业维权平台,实现企业诉求一键办,全面归集浙江省平台"码上诉求"、台州市企业综合服务中心、市12345政务咨询投诉举报中心等企业诉求渠道;针对企业诉求,进行分类交办;落实健全民营企业产业链帮扶工作机制,推进龙头企业结对帮扶小微企业行动,各级工商联组织广泛发挥主席(会长)企业和龙头企业的优势,开展"大手拉小手"专项行动,全市120家民营龙头企业结对帮扶427家小微企业;同时,注重人才培养,定期举办台州市企业经营管理人才高级研修班,开展创新型小微企业经营管理人才扶持工作,吸引更多优秀的海外专家人才走进台州。

(5)优化法治环境,保障企业权益

营商环境是市场经济的土壤,是新形势下经济社会发展的核心竞争力。台州出台《关于开展涉企跨部门、跨领域"综合查一次"联合监管检查工作的指导意见》,全面形成运转高效、规范有序的常态化涉企跨部门、跨领域"综合查一次"联合监管检查机制,提升监管检查的公平性、高效性和规范性;台州市首创浙江省金融安全示范区建设,通过开展"强监管优环境、防风险严整治、推改革促实体"三大任务,推进"建立三项制度、主攻三个领域、开展三大行动"等9项重点创建工作,强化金融领域治理体系和治理能力现代化建设,努力形成"多、快、好、省、稳"金融生态"台州样板"。

(6)多方严肃执纪,推进清廉惠企

正常、健康的政商交往既有利于公权力在阳光下运行,又有利于企业按经济规律有序经营,纪检监察机关要发挥好监督保障作用。台州市纪委监委也

一直把服务保障民营经济发展作为一项重要工作，把护航民营经济高质量发展作为政治巡察、执纪监督、派驻监督和正风肃纪的重点任务，明确执纪监督部门、政治巡察机构、纪检监察派驻机构、作风巡察组的职责任务，深入改革发展前沿和民营企业一线，创新监督检查方式，全面摸排情况，深挖细查问题；开展专项行动，纪委监委建立与市联席办、市委市政府督查室等有关部门的常态化问题线索移送机制，及时掌握情况，及时跟进问责，并每年结合重点工作成立相应的正风肃纪检查组，聚焦突出问题，加大监督检查力度。 在全市全面开展清廉民企示范点创建活动，将清廉元素融入企业经营管理中，建立健全廉政风险防控体系。

5.2　台州市"亲清"政商关系指标体系构建

台州不断营造最优营商环境，不仅让民营经济提质增速，更助力民营企业乘势而上。 随着"十四五"的铿锵开局，台州将更加坚定有力地把"再创民营经济新辉煌"作为台州现代化建设的首要任务，把建设"新时代民营经济高质量发展强市"作为台州争创社会主义现代化先行市的重大标志。 台州已采取了诸多规范政商交往行为的举措，对"亲清"政商关系构建做出了积极探索，但尚未形成统一的评价指标体系并进行测量。 在这样的背景下，如何通过实际调查和数据收集评估台州"亲清"政商关系的发展现状，总结台州构建"亲清"政商关系的经验以及存在的问题，更精准地服务企业、服务市场，优化营商环境，把台州建成非公有制经济健康发展标杆城市成为十分紧迫而重要的问题。

我们在已有研究的基础上，从"亲""清"两个维度构建了政商关系"亲清"指数评价体系，并以台州市为调研对象，搜索大量资料和数据，对台州市2021 年的政商关系进行评估分析，旨在通过观察现状、提炼经验、发现问题、精准施策，加快促进台州"亲清"政商关系的形成。

5.2.1 指标体系构建

通过借鉴政商关系相关评估指标体系，结合台州的实际情况及需要，经由广泛的专家咨询，遵循着科学性与可比性原则、系统性与层次性原则、针对性和可操作性原则等，我们构建了台州市"亲清"政商关系评估指标体系，其基本原则包括：一是突出台州特色，在全面了解台州市"亲清"政商关系基本情况和发展趋势的基础上，提炼台州"亲清"政商关系特色与经验；二是突出问题导向，通过指标评价测量，了解不同县（市、区）在"亲清"政商关系构建过程中存在的问题与不足；三是突出用户导向，"亲清"政商关系评价的目的是通过绩效评价，改进和提高政府服务效率和服务能力，以提升企业满意度为目标。

政商关系"亲清"指数包括"亲近关系"和"清廉关系"2个维度，包括2个一级指标、4个二级指标、17个三级指标。其中，"亲近关系"由政府服务企业发展、企业促进地方发展2个二级指标构成，"清廉关系"由政府清廉、企业清廉2个二级指标构成，如表5-1所示。

表 5-1 台州市政商关系"亲清"指数评价指标体系

一级	二级	三级	评价指标	数据性质	数据来源
亲近关系	政府服务企业发展	政府诚信建设	政策兑现情况（主观）	正向	调查问卷
		知识产权保护	被查处的侵犯知识产权案件数量占比（每万人）	反向	市场监管
		社会治安环境	涉企涉经案件数量占比	反向	检察院
		服务企业机制	惠企服务（主观）	正向	调查问卷
		金融服务环境	民营企业贷款余额占比	正向	金融办
			知识产权质押融资金额	正向	
		走访企业	走访企业数	正向	工商联

续　表

一级	二级	三级	评价指标	数据性质	数据来源
亲近关系	企业促进地方发展	企业安全生产	安全生产事故发生频次占比(每万人)	反向	应急管理局
		环境保护责任	被查处的环境污染案件数量占比(每万人)	反向	生态环境局
		民营企业发展	地区生产总值累计增长率(%)	正向	台州市统计年鉴
		有序政治参与	企业人大代表数量占比	正向	组织部统战部
清廉关系	政府清廉	政府信息公开	政府信息公开程度(主观)	正向	调查问卷
		清廉政府建设	政府清廉(主观)	正向	调查问卷
		政府采购效率	政府采购资金的市场节约率	正向	采购中心行政服务中心
	企业清廉	企业诚信经营	被查处的偷税漏税案件占比(每万人)	反向	市场监管局
		依法照章纳税	民营企业纳税金额(亿元)	正向	税务局
		职工权益保障	依法签订劳动合同的员工数量占比	正向	人社局
		清廉企业建设	企业清廉(主观)	反向	调查问卷

(1)政府服务企业发展

中共中央、国务院在 2019 年 12 月印发的《关于营造更好发展环境支持民营企业改革发展的意见》(以下简称《意见》)中指出"完善精准有效的政策环境",提出要健全银行业金融机构服务民营企业体系,完善民营企业直接融资支持制度,健全民营企业融资增信支持体系,因此考核地区金融服务环境也是"亲清"政商关系中的关键环节。 而《意见》中的"健全平等保护的法治环境"方面,则要求加大对民营企业的刑事保护力度,健全知识产权侵权惩罚性赔偿制度,因此涵盖了"知识产权保护""社会治安环境"等指标。 而且《意见》还指出构建"亲清"政商关系,必须完善涉企政策制定和执行机制,必须建立政府诚信履约机制,因此该二级指标中包含了"政府诚信建设""服务企业机制"等二级指标。 要服务好民营企业发展，最根本的一点就是坚持需求导向与问题导向相结合，多深入调研，"零距离"倾听民营企业的真实感受和心声，因此考核该地区领导人走访企业也尤为重要。

(2)企业促进地方发展

"亲清"政商关系中的"亲"，即亲近关系。 对领导干部而言，就是要坦荡真诚同民营企业接触交往，对民营企业家而言，就是积极主动同各级党委和政府及部门多沟通多交流，讲真话、说实情、建诤言，满腔热情支持地方发展，因此该项指标中包含了"有序政治参与"。 对于民营企业支持地方发展而言，《意见》第六条"促进民营企业规范健康发展"指出，要推动民营企业守法合规经营，民营企业要筑牢守法合规经营底线，依法经营、依法治企、依法维权，认真履行环境保护、安全生产、职工权益保障等责任，因此该二级指标中涵盖了民营企业发展、企业安全生产、环境保护责任、有序政治参与等二级指标。

(3)政府清廉

"亲清"政商关系中的"清"，即清白、清廉，对领导干部而言，就是要同民营企业家的关系清白、纯洁，不能有贪心私心，不能以权谋私，不能搞权钱交易，因此考核地区政府清廉水平是必要的。 而且政府信息公开、政府采购效率本身就与清廉政府建设息息相关，将这些指标纳入其中，更能全面考察地区政府清廉水平。

(4)企业清廉

"亲清"政商关系中的"清"，对民营企业家而言，就是要洁身自好、走正道，做到遵纪守法办企业、光明正大搞经营，因此积极推进企业诚信经营、依法照章纳税、加强职工权益保障显得尤为重要。 构建"亲清"新型政商关系，企业家也肩负着义不容辞的责任。 企业家要自设底线，树立"底线意识"，明确法律的"高压线"不能碰，道德的"警戒线"不能违，要勇于放弃眼前需要通过权力寻租获得的短期利益,追求长远利益,打造清廉企业,确保企业的长远发展。

5.2.2 台州市各县(市、区)"亲清"政商关系评价

表 5-2 2021 年台州市政商关系"亲清"指数测算结果

地方	政府服务企业发展(32)	企业促进地方发展(28)	政府清廉(15)	企业清廉(25)	亲近关系(60)	清廉关系(40)	"亲清"指数(100)
椒江区	23.45	21.35	10.57	18.18	44.80	28.75	73.55
黄岩区	25.61	21.24	10.30	21.12	46.85	31.41	78.26
路桥区	25.03	18.08	12.31	17.85	43.12	30.15	73.27
临海市	27.74	16.62	11.48	17.55	44.36	29.03	73.39
温岭市	27.54	19.05	10.72	21.46	46.59	32.18	78.77
玉环市	25.00	24.24	9.09	22.66	49.24	31.76	81.00
天台县	25.73	19.57	10.55	18.33	45.29	28.88	74.17
仙居县	22.41	23.18	14.75	17.38	45.60	32.13	77.73
三门县	26.39	14.06	13.66	18.24	40.45	31.90	72.35
台州市	25.43	19.71	11.49	19.20	45.14	30.69	75.83

根据测算结果,台州市三区三市三县政商关系"亲清"指数最高为 81.00,最低为 72.35,平均值为 75.83,标准差为 2.93,标准离差率为 3.87%,说明台州市"亲清"政商关系总体建设水平较高,差异较小。 2021 年台州市三区三市三县中,玉环市、温岭市、黄岩区、仙居县 4 地得分高于全市平均水平。 排在前三位的是玉环市、温岭市和黄岩区,排在末三位的是临海市、三门县和路桥区。 从分值分布来看,台州市 9 个县(市、区)可以分为 3 个梯队:指数在 80 及以上的玉环市为第一梯队;指数在 75—80 之间的温岭市、黄岩区、仙居县为第二梯队;指数在 75 以下的天台县、椒江区、临海市、路桥区、三门县为第三梯队。

5.3　指标计算方法与过程

(1)数据的无量纲化处理

本研究采用效用值法进行无量纲化处理,18 个三级指标赋分均为 5 分,若三级指标当中对应有多个子指标,则对应的赋分值也应该进行等分的调整。

在 18 个三级评价指标中,12 个是正向评价指标,即指标值越大,"亲清"政商关系越好;6 个是反向评价指标,即指标值越小,"亲清"政商关系越好,对反向指标应先进行正向化的处理,无量纲化处理计算公式如下:

$$正向:C_i = \frac{X - X_{\min}}{X_{\max} - X_{\min}} \cdot M_i \qquad 反向:C_i = \frac{X_{\max} - X}{X_{\max} - X_{\min}} \cdot M_i \qquad (5\text{-}1)$$

式中,X 代表数据的初始值,max 代表该指标当中的最大值,min 代表该指标当中的最小值,M_i 代表各三级指标评价标准所对应的赋分值。

(2)指数计算

三级指标的效用值计算公式为:

$$Z_i = \frac{Ci - C_{\min}}{C_{\max} - C_{\min}} \cdot M_i \qquad (5\text{-}2)$$

式中,C 代表三级指标的得分,max 代表该指标当中的最大值,min 代表该指标当中的最小值,M_i 代表各三级指标对应的赋分值。

二级指标得分等于各二级指标对应的三级指标效用值加总。

一级指标得分等于各一级指标对应的二级指标效用值加总。

"亲清"政商关系指数得分是将一级指标的效用值求和。

5.4　台州市构建"亲清"政商关系过程中存在的问题

课题组不仅构建指标体系测量台州"亲清"政商关系的总体状况,还开展了与相关涉企部门、企业代表的广泛座谈,发放 605 份关于"亲清"政商关系的问卷,研究发现,虽然目前台州市"亲清"政商关系构建工作取得了不错的成效,但是在"亲清"政商关系推进工作中也出现了诸如"亲清"政商关系氛围不够浓厚、政策配套不完善、权力制衡机制不完善、政商交流机制不健全、平台集约程度低等方面的问题。

(1)"亲清"政商关系氛围不够浓厚,思想理念转变不到位

一方面是政策宣传教育还不到位。 从客观上讲,"亲清"政商关系的构建已经越来越得到地方党委政府的重视,尤其是在全国民营企业座谈会召开以后,各级党委政府对企业发展、营商环境优化的重视程度空前提升,能够做到及时传达文件精神,认真部署相关工作。 但是很多时候,政府传达相关文件精神的方式还仅停留在召开座谈会等形式传达的层面,在较长时间内文件在面上的知晓率还不够高,有待完善和加强。 同时,惠企政策落实不到位,很多公职人员以"清"为理由,撇清和企业之间的关系,主动远离企业,使得优惠政策未能及时向企业家传达,造成惠企政策成为一纸空文,挫伤企业家的积极性。

另一方面是民营企业自我意识的缺失。 民营企业在与政府交往的过程中持续处于弱势的地位,对政府工作人员手握的权力充满敬畏,企业的自我意识欠缺。 主要有两种表现形式:一种是出于自卑心理,态度卑微,不愿与政府工作人员亲密交往,这些企业鲜少积极主动地向政府反映问题、表达诉求,出现政商关系只"清"不"亲"的现象;另一种是靠近政府成为本能,设法获得政府工作人员青睐,进而获得权力上的支持,因此,当这部分民营企业发展遇到问题时,往往忽略通过正当途径去实现自身的诉求,而是寄希望在某些政府工作人员手握的权力为他们提供庇佑上,出现政商关系只"亲"不"清"的现象。

(2)相关配套政策不完善,对中小企业扶持力度仍不够

产业政策的主要功能是通过政策引导产业发展的方向,弥补市场缺陷,有效配置资源。 台州市出台了一系列政策搭建起新型政商关系构建的制度体系,然而,在政策实际执行落实过程中存在一定的问题,导致政策效果并不理想。 首先，促进政商关系相关政策的发力出现偏差，对中小企业关注度有待提高。 在关于"台州市亲清政商关系的情况调查"的结果中，有近 23％ 的企业认为，在政商交往中民营企业与国有企业、"外来企业"享受不同等待遇，如图 5-1 所示。 国有企业与"外来企业"在申请政策支持时，因自身规模实力较突出，更加符合政策扶持的标准，很容易享受到政策的红利。 而对于一些小微企业，尤其是处于发展初期的企业，不管是整体规模、技术标准还是抵押实力，很难达到政府扶持的标准。 究其根本，是因为政府相关部门在出台惠企政策时，没有对企业情况进行充分的了解，没有考虑到不同性质企业的需求差异，导致能真正享受到政策的反而是本身就具有一定实力的国有企业和受到重视的"外来企业"，小微企业发展仍面临不少压力。

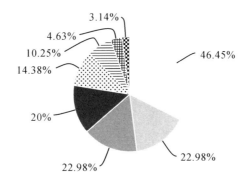

1.党政干部懒政，怕承担责任，不主动、不作为
2.缺少政商正常交往途径，涉企政策制定沟通渠道，企业诉求反馈机制不畅
3.政务服务不优，企业办事难、办事繁，行政审批周期长等问题仍然存在
4.民营企业与国有企业、"外来企业"享受不同等待遇
5.政府不守信用，不兑现承诺事项
6.部分政府人员与企业管理人员官商勾结，个别公职人员权力寻租
7.部分企业经营管理人员热衷跑关系，利用不正当手段搞市场竞争
8.其他

图 5-1　政商交往中的主要障碍调查

其次，部分政策不够细化的问题有待完善。 由于台州市三市三区三县的产业结构不同，民营企业比重与规模存在一定的差异，不同规模企业对政商关系需求不同。 在实际的政策操作过程中，对于上级出台的政策执行较多，用统一的标准扶持企业，而真正符合地方企业发展需求的配套举措较少，没有考虑到本地企业的规模和产业类型，没有契合其实际需求，企业享受不到政策红利，而已有政策也难以达到预期效果。

(3)权力制衡机制有待完善,"清而不亲"现象仍存在

在台州的政商关系发展过程中,政府与企业的权力制衡机制有待进一步完善。 一方面,在当前高压反腐的态势下,部分政府行政人员为确保清廉形象,采取"一刀切"政策,与企业保持距离,奉行"少干事就不出事"的理念,为凸显洁身自好,采取消极的、被动的、敬而远之的态度对待企业。 部分政府工作人员的不作为体现在见了企业家"躲着走",不与企业家进行接触;见了企业家采取"软拒绝"的方式,表面上客客气气,打"太极拳"却不解决实际问题;不愿去关注企业日常的生产经营活动,只为企业提供最基本的公共服务。 这些政府工作人员的不作为使得当前台州政商关系"清而不亲"现象比较突出,在我们的问卷调查中,有18%的企业表示对于与政府工作人员的关系是"清而不亲",如图5-2所示。

2.亲而不清:1.65%
4.既不亲也不清:2.15%
5.说不清:3.64%
3.清而不亲:17.69%
1.既亲密又清白:74.88%

图5-2　企业与所在地政府及部门工作人员的关系调查

另一方面,权力寻租现象等依然存在。 市场经济体制尚不完善,政府在市场资源配置中仍占据优势地位,给"权力寻租""权力贴现"等行为提供了可乘之机。 企业为了发展壮大,在有限的权力中获得更多的利益,会出现与政府某些寻租的工作人员进行权钱交易,结成利益联盟的行为,企图通过利益交换获得政府特殊政策的优惠以及预知各种经济、政策信息的"方便",取得不正当的优势竞争地位,降低企业的经营成本和风险。 权力寻租现象屡有发生,破坏了公平透明的市场环境,致使政商关系"亲而不清",阻碍了台州市新型政商关系的发展。

(4)政商交流机制还不健全,政企沟通渠道还有堵点

不健全的政商交流机制会阻碍新型政商关系的发展,如图 5-1 所示,有 46.45％的企业表示当前政商交往中最大的障碍就是缺少政商正常交往的途径,沟通渠道以及反馈机制不畅。 政商交流机制的不健全体现在三个方面。 一是沟通制度不完善,还有不少企业家无法通过人大、政协、工商联等正式的政商交往平台实现和政府的正常沟通对话,实现合作发展的需求。 二是已有沟通渠道不畅通。 例如,人大代表反映了企业的问题,但是有关部门并不重视,或者有关部门相互推诿,这些原因都会导致政商之间沟通渠道失灵;缺乏固定例会机制,缺少举办长期、定时定量、有规律的例会,政府未向政商交往提供平台,企业也难以向政府提出发展诉求;同时也缺乏信息发布机制,有利于企业生产经营、发展壮大的政策难以被企业接收,政府的服务功能减弱。 三是民间商会组织发展不充分,凝聚力不强,尤其在表达企业集体诉求上的作用有限,难以发挥集体行动的功能。 这些第三方民间组织正是拉近政企间距离,凝聚政企间力量的重要平台,但是当前台州市的第三方组织服务方式单一,服务方法传统,未能有效地发挥其沟通桥梁的作用。

(5)政商关系发展中信息平台集约度不高,应用有限

数字化平台的推广应用推动了涉企部门信息公开的发展,提高了信息公开的效率,突破了时间和区域的限制,比传统的信息公开方式更具优势,成为促进政商关系更加密切的有力抓手。 然而,作为新的服务模式和应用,政商关系数字化平台的建设仍面临诸多瓶颈。

一方面,多头管理、责任不清,管理标准不统一。 由于涉企部门较多,且各个部门的权限存在一定的差异,很多涉企部门的权力和责任时有重叠,造成了在为企业提供服务过程中出现多头管理和责任不明确的情况。 同时,由于各个部门的业务范围和人员存在差异,对各个平台的信息很难进行统一的管理,建立统一的管理标准和服务标准较为困难。

另一方面,涉企部门信息公开平台的集约化水平不高。 尽管政府网站和涉企服务的平台众多,但是在信息共享方面还存在"数据孤岛"的现象。 第

一，涉企部门网站是信息公开集约化发展的基础，但是一些部门的网站使用率比较低，信息更新不及时，网站在应用过程中实用性不强，导致企业对涉企部门网站的信任度降低。 第二，缺少统一的平台发布涉企信息。 现有的很多平台基本上照搬了政府网站的信息内容，在功能上仅仅相当于迷你版的政府网站，在相关信息的发布上，也主要是为企业提供简单的查询，缺少个性化服务的线上渠道，无法进行完善便捷的办事服务。 再加上信息更新不及时、不完整，使这些平台的真正效用并没有真的发挥，企业办事宁愿去窗口。

5.5　促进台州市政商关系健康发展的政策建议

为了进一步提升台州市以企业满意度为导向的政商环境水平，构建既"清"又"亲"的政商环境，基于以上调研发现的问题，本研究从构筑文化高地、落实政策帮扶、实现党建引领、拓宽沟通平台、深化技术改革等方面提出相关的对策建议。

（1）构筑"亲清"政商关系的文化高地

一是构建亲商文化。 首先，要树立政商平等的观念。 在市场经济时代，政府和企业只是社会分工不同，政府承担着管理社会的责任，企业承担着创造社会财富，促进社会经济发展的重任，二者有着不同的社会分工，各司其职，但身份地位是平等的。 因此，无论是政府工作人员还是企业家都应该树立政商平等的观念。 其次，政府工作人员要敢于担当。 在政商关系中，政府工作人员的担当主要体现在是否敢于"亲"商。 只有"亲"商才能更好地履行政府的职责，不断为企业提供优质服务。 最后，要促进民营企业家进行有序的政治参与。 民营企业家要适度、有序、规范进行政治参与。 将行业代表性强、思想素质高、政治觉悟强、社会信誉好和参政议政能力强的民营企业家推荐出来，使其任人大代表和政协委员，通过有序的政治参与及时地反映民营企业的意见、利益诉求。

二是重塑清正文化。 首先要树立廉洁正派价值观，发展清廉正派的文化。 政府工作人员做到坚守纪律底线，抵制诱惑，不贪不腐，避免与企业交往的过程中出现不"清"的行为，企业家做到合法经营，诚信经营。 在全社会形成"廉洁最光荣，贪腐最可耻"的氛围。 其次是倡导正确的价值道德导向，加强政府工作人员的道德观和社会主义核心价值观，加强对商业道德和商业伦理的宣传，对企业家强制化、长期化地进行商业伦理的教育培训。 加强对榜样的力量的宣传，要充分发挥优秀企业家道德模范"传帮带"作用，积极借助道德模范的社会影响力，树立践行正确的价值道德导向，带动更多企业家行动起来，积聚崇德向善的正能量。

三是培育企业家精神。 企业家精神是将企业家和一般民众区别开来的人格特质。 企业家是社会经济活动的重要主体，是企业创建、发展的灵魂人物，更是推动企业做优做强的重要力量。 企业家精神则是经济增长的引擎动力。 因此，企业家精神的培育至关重要。 首先要遵守诚信的契约精神。 新时代的企业家应具备诚信精神、工匠精神、担当精神和奉献精神等企业家精神。 诚信是市场经济能够健康稳定地发展的根和魂，企业家在经营企业时需遵纪守法、诚实守信、遵守契约。 其次要坚定精益求精的工匠精神。 企业家要专心，力争使自己的产品与服务更能满足市场和顾客需求，更具吸引力、竞争力。 再次要培育责任担当精神。 企业家应带有强烈的使命感，勇于担当企业自身的发展责任、敢于承担国家责任和社会责任。 最后要培育利他之心的奉献精神。 企业家要以为社会、顾客和员工创造价值和幸福满足为出发点、落脚点，创造社会价值和实现自身价值，兼顾各方利益。

(2)落实"亲清"政商关系的政策帮扶

一是落实帮扶制度，提供务实有效的惠企服务。 政府部门要着眼企业发展的需求，提供切实可行的优惠政策，提高认识，尤其是发现中小微企业在发展过程中的实际困难，了解诉求，加大扶持的力度，最大限度发挥政策对企业发展的推动效应；保证政策的认真落实，特别是对中小微企业，政府部门要不偏不私，全面落实保护中小企业利益的政策法规，有关部门加强对惠企政策的落实情况的跟踪，可以采取将执行情况与绩效挂钩的方式去督促相关部门落实政策。

二是相关部门全面梳理惠企政策。全面梳理台州市出台的围绕民营企业发展的"金融服务、市场服务、企业转型升级、要素保障"等方面的政策措施，分门别类汇编成册。同时，台州市县区各级要依据上级政策文件，结合当地企业实情，制定具有针对性、实用性较强的配套惠企政策，解决上下政策制定一般粗的问题。

三是政策要借助多方媒介，加大涉企惠企政策的宣传普及力度。相关职能部门积极做好解释工作，让涉企惠企政策惠及每个企业。各级党政主要领导、涉企部门要加强调研，定期走访不同规模、不同行业企业代表，指导企业学习熟悉各项惠企政策，帮助企业知晓政策、把握政策、用好政策。

(3)党建引领"亲清"政商关系的发展

一是要发挥党建的政治引领作用。用统战工作推进政商关系的利益协调，开启"党建＋"新模式，共聚政商合力。习近平总书记曾指出，要在坚持党的领导下做好新形势下的统战工作，做到坚持原则、掌握规律、讲究方法。首先，要做好政府的统战工作。提高党员的思想认识水平和坚定的理想信仰，树立大局意识，使政府工作人员自发将自己和企业的发展命运联系在一起，为企业排忧解难，与企业同进退共发展。其次，做好企业的统战工作。发挥好政治的引领作用，根本之举是要扩充、重组党员队伍，实现企业党建工作的全面覆盖。企业党支部要及时培养和引进年轻党员，打造素质过硬、精明能干、富有激情的党员队伍，提高企业党支部的影响力，更好地开展党建工作。党建引领作用的发挥能够端正企业员工的生产态度，提高企业员工的劳动积极性，提高企业的生产效率，从而使企业在与其他同行竞争时提高自身的竞争力，有利于企业的升级。企业党建工作的开展，能使企业认识到其肩负的社会责任，能够在一定程度上缓解政商关系，有利于推动"亲清"政商关系的发展。

二是创新政企党建联动的工作模式，用党建推动政商关系的发展。首先，在各级的非公有制企业中，建立党的工作委员会，根据非公有制企业的规模、党员数量，建立党的基层组织机构，实现党组织的有效覆盖。按照组织原则进行日常管理和领导。党组织的构建和设置有利于领导和管理，也有利于党决策部署的贯彻和实施，利于党的路线、方针和政策的宣传、传达。 其次，创新政企党建联动的工作模式。 例如探索党委工作模式同现代公司法人治理模式相融合的新途径，企业党组织和管理层间可以实行交叉任职，还可以建立企业党委书记参加董事会制度、党委委员参加总裁会议制度等。 政企党建联动使政商的交往方式日趋规范化，强化了企业党组织的监督作用。 企业的发展需要强化党组织的监督作用，企业发展壮大时，不能一味追求利润的提升，如若企业发展出现不良行为，员工可以及时地去纠正，如若不良行为得不到遏制，员工可通过企业的党组织向上级反映情况，这在很大程度上促进了政企党建联动，是以党建工作促企业的健康发展，促进了"亲清"政商关系的发展。

（4）拓宽"亲清"政商关系的沟通平台

一是搭建人大、政协交流联络平台。 人大、政协交流联络平台的搭建能够更好地促进政商之间的互动交流，拓宽了政商沟通的平台。 搭建人大、政协交流联络平台方便人大代表、政协委员了解政府的工作情况并更好地监督。人大、政协的交流联络平台既可以收集和整理人大代表、政协委员对政府工作和政商交往的意见和建议，又能加强企业与人大代表、政协委员的联系沟通，提高了办事效率，节约了成本。 企业可通过门户网站全面地了解人大、政协的工作动态，并通过人大、政协交流联络平台向代表、政协委员反映企业发展中的难题并寻求帮助。 人大代表和政协委员也可以通过论坛、个人主页和友情链接的途径实现与企业的互动，再经整理政商交往中遇到的重大问题，切实地帮企业排忧解难，充分发挥了人大、政协交流联络平台的作用。

二是尽量保持第三方组织独立性。 第三方组织属于社会组织，不带有任何政治属性，是连接政府和企业的纽带，政府通过第三方组织了解企业的需求，企业借助第三方组织表达发展诉求、对政府提意见。 独立性是第三方组织最本质的属性，是第三方组织立足之本。 拓宽"亲清"政商沟通平台必须保持第三方组织在经济、人员、精神等方面的独立性。 第一，保持第三方组织的经济独立性。 第三方组织应具备独立的经济来源、资金运作机制，保证第三方组织不受外界条件的影响。 第二，保持第三方组织的人员独立。 第三方组织的工作人员不隶属任何政府部门、不担任政府部门的任何职务，与委托方也不存在任何的行政隶属关系和经济利益关系。 第三，保持第三方组织的精神独立性。 精神独立是第三方组织发展的内在要求，第三方组织的工作人员必须恪守精神的独立性，在政商交往时，必须保持超然的精神状态，不能带有偏见，能独立地分析和判断，有效地遵守独立性原则，不受委托方或其他利益相关方的影响。

三是发挥自媒体的作用。 自媒体是信息时代的产物，是人们交流意见、发表看法的公共平台，是人们发挥主观能动性来评价形形色色的社会现象的一种途径。 广泛应用自媒体，能够积累社会共识，疏导社会情绪并凝聚良好的舆论氛围。 随着社会的进步和网络技术的普及，邮件、微博、微信公众号、百度贴吧、论坛等网络自媒体成为政商交流互动的新载体。 这种多元的媒体沟通平台促进政府与企业间的及时、有效沟通。 通过互动交流增进政府与企业的相互了解和信任，政府与企业在沟通中取得理解，在交流中达成共识。 自媒体的广泛应用成为政府有效了解企业情况的重要纽带，实实在在地帮助企业解决实际问题，充分发挥政府服务于民的作用。

(5)深化"亲清"政商关系的技术改革

打造更加智慧高效的政务环境，要厚植"整体智治"理念，以推进数字政府建设为牵引。"数字政府"是数字中国体系的有机组成部分，加快数字政府建设，是转变政府职能、优化营商环境的突破口，是全面深化"放管服"改革的重要抓手，也是推动台州市"亲清"政商关系的关键切入点。

一是要以"强基础"为中心，夯实"数字政府"基础设施。 实现数字政务平台的全覆盖，建设全市非涉密电子政务外网，形成上连省，横连党政机关，下连县(市、区)和镇村，形成严密的电子政务外网网络体系。

二是以"促应用"为手段。 首先，加强数字化平台的应用，关键在于把握用户的需求，奔着为企业提供系统完善的服务目标去，着重解决企业的实际问题，因此应用系统的开发一定要围绕核心业务，从重大需求出发谋划场景。其次，要扩大"数字政府"的应用范围，坚持需求导向、效果导向，能在网上办的涉企事项全部在网上办理，积极应用电子印章，有效实现办事少跑免跑。

最后，重实际应用，把数字化改革谋划建设的场景真正应用起来，在实际应用中发现问题，及时改进，持续升级优化系统。

三是推动政务服务"好差评"线下窗口、线上平台全覆盖。传统的办事窗口，已基本实现现场评价的全覆盖，而线上平台服务"好差评"往往被忽略。推进线上平台覆盖服务评价环节，企业办事可以通过政务网对办事过程任一环节及办理人员进行评价，及时反馈对于线上平台服务的满意度。同时，加强对于"好差评"结果的运用，将结果运用到效能监督体系中，进而倒逼涉企部门提升服务质量。

6 宁海县"亲清"政商关系案例

2018 年 11 月，宁海县在商会企业服务中心的基础上，探索成立了浙江省第一个"亲清"政商关系构建实体化服务平台，平台取名为"亲清家园"。

6.1 体制机制

"亲清家园"平台最初设想的组织构成及管理模式为：县委领导、统战部牵头，工商联负责，各部门联建，企业家参与，社会化运作。

平台创建得到了县委主要领导的肯定和支持，通过县委办发布《宁海县亲清家园领导小组工作方案》，明确成立"亲清家园"建设领导小组，发文成立宁海县"亲清家园"，由县委常委、统战部部长任领导小组组长，县委办、县府办各派一名副主任、县纪委副书记以及县工商联书记担任副组长，办公室设县工商联，由工商联书记兼任办公室主任，领导小组成员单位有涉企政府部门18 个。宁海县"亲清家园"委托非营利性社会组织宁海县社会与经济服务中心运维，领导小组办公室下设执行团队，主任由受托方委任。在成立后的两年内，由宁海县工商联出面，先后和 7 家涉企政府部门签署了"亲清家园"联建协议。包括检察院的"非公经济人士健康成长工作站"；法院的法官工作站，后改为"共享法庭"；公安局的"警企服务中心"等。

6.2　内容策划

从政商关系入手，做好"亲"和"清"两篇文章。内容主要包括研究政府的管理和服务；研究民企的经营和履责；研究双方相互作用的事项、环节，哪些体现"亲"，哪些体现"清"；研究平台功能发挥的切入点、作用点；建立事项发现发起、工作实施执行、质量保证管控工作体系，以达到构建"亲清"政商关系，优化提升营商环境，促进民企两个健康，助推民企高质量发展的目标。

策划团队认为，"亲"外在的表现为对态度的认可，内在表现为对成效的肯定，平台应当促进政商向对方释放善意、促进理解、化解矛盾、体现成效。"清"的外在表现为对清廉程度的认可，内在表现为对合规程度的认可，平台应当促进政商和对方清廉交往，政府依法行政，民企合规经营。提供"亲清"服务要从个人（官员）和个人（商人）交互入手，还要从组织（政府部门）对组织（民营企业）、体系（政府体系）对体系（社会体系）层面研究问题、解决问题。

基于以上的思考，平台决定在民企涉及政策法规范围的事项中，在企业经营活动的全生命周期，开展两大方面工作：一是促进政府依法行政，保护民企合法权益，协助处理企政、企企、企员关系；二是促进民企合规经营，支持政府依法履职，协助处理劳动用工、安全生产、环境保护、有序经营、依法纳税、金融安全等管理问题。

6.3　服务开展

一方面，宁海"亲清家园"表现为三种关系沟通协调工作。为了服务好企政关系，首先要建立问题发现工作机制。宁海"亲清家园"在宁海全县遴选了1500多家企业，挂"亲清"监测点的招牌，成立线下常态化"亲清"监测网络。开发了"亲清"监测线上操作平台，每个监测点推选1—3名"亲清"

监督员，监督员根据平时和政府办事交往的情况（包括非接触式办理），在线上开展"亲清"评价，实名或者匿名反映交往中的问题。家园还成立"亲清"协管员工作团队，为"亲清"监督员、"亲清"监测点工作情况提供支持。"亲清"协管员对监测点开展功能宣教、操作指导、需求评估、挂牌摘牌等工作。其次建立问题发起解决的工作机制。"亲清家园"组织开展"亲清直通车""亲清会客厅"等活动，通过"亲清直通车"，促进政府部门和企业家的沟通，通过"亲清会客厅"，促成民营企业家和政府领导的沟通交流。"亲清家园"定期向相关领导和部门报送"亲清"监测数据和信息，便于涉企部门开展共性问题优化提升、个别问题处理化解工作。"亲清家园"还就企业反映并要求协调的事项，和相关部门开展协调，推动解决。在协调关系过程中，就政府未能依法行政的事项尽到提醒、监督义务，注重依法依规保护民企合法权益，对民企的合法诉求尽量为其争取。2019年，"亲清家园"和宁海县人民检察院共同努力，促成轻微犯罪的民企免予起诉，典型案例报省人民检察院后被时任浙江省人民检察院检察长贾宇和时任副省长熊建平批示肯定。为了服务好企企关系和企员关系，"亲清家园"内设宁海县商会人民调解委员会，后加挂宁海县人社局劳动人事争议调解委员会，也成立了浙江省第一家劳动仲裁商会派出庭，截至2023年8月，累计调解企业和企业纠纷、企业和员工纠纷3853例，2022年获人社部、全国工商联、全国总工会、企业联合会授予的全国"百家金牌劳动人事争议调解组织"荣誉称号。

另一方面，宁海"亲清家园"表现为民企合规的服务工作。"亲清家园"在劳动关系合规和安全生产合规两大方面率先形成突破。"亲清家园"前身，原宁海县商会企业服务中心在全国率先创新用工体检活动，截至2023年8月，在宁波宁海、杭州富阳等地开展了8000多家次的企业用工合规体检工作，协助1235家企业开展日常合规管理，实现零诉讼，全面降低服务区域的劳动诉讼，宁海县劳动诉讼万人成诉率长期处于全省最低。成立"亲清家园"后，在劳动关系合规方面进一步形成突破，接受浙江省标准化委员会的委托，编制了和谐劳动关系管理标准化的相关文件，开展省级试点工作，近期开发了特有的和谐用工数字化管理工具，将政策和对策集于一体，以任务方式，由系统自动指挥专项合规工作，解决做什么、怎么做和怎么管的问题，让普通工作人员做到法律专家的水平，推动了和谐用工的源头治理。 在安全生产方面，商会企业服务中心 2013 年即在全国首创了安全社会化服务，间接促成了中央两办关于推进安全社会化服务相关政策法规的出台，累计对 8000 多家企业开展安全生产体检，创新了一系列安全社会化服务模式，常态化服务民企 3000 多家，从源头预防安全事故，为减少政府监管风险做出了贡献。

"亲清家园"还提供其他系列合规服务。 例如，为促进清廉民企建设，"亲清家园"和县公安局联建，开展"警企约谈"项目，对民企内可能涉及刑事责任的岗位，采取走出去上门培训，请进来重点约谈两种方式，重点开展清廉教育，从源头预防企业内部职务犯罪的发生。"亲清家园"对民企创建清廉企业开展全面辅导。 例如，为解决民企工伤风险问题，"亲清家园"牵头成立企业互助发展协会，成立商会工伤互助基金，累计募集资金 2500 多万元，累计救助费支出接近 2000 万元，受益企业 1600 多家。

6.4　资源管理

"亲清家园"运维的核心资源一是资金，二是人员。

"亲清家园"本身非法人主体，资金提供方为委托服务方宁海县社会与经济服务中心以及委托服务方的投资机构宁波协同社会服务平台有限公司，这两个单位一个为营利性社会企业，一个为非营利性社会组织，按照公益产业化、产业公益化的思路进行运维，通过公益性服务提升影响力，通过影响力提升竞争力，通过营利性服务产生经济收益，经济收益反哺公益性服务，形成闭环，解决"亲清家园"运维的资金问题。 资金主要来源由三部分组成：一是政府转移支付，每年宁海县财政局通过支付平台房租、运维等方式向平台拨付人民币 30 万元；二是政府服务外包收益，通过公平竞争，获得政府向社会采购各类服务项目；三是企业服务外包收益，通过市场机制，获得企业向"亲清家园"购买各类合规源头治理服务。 当前每年累计收入接近 4000 万元，可以保证各项工作的有序开展。

基于县域本身人力资源的缺失，投资方宁波协同社会服务平台有限公司在浙江省工商联的支持下,在杭州构建了协调统筹高地浙江省"亲清"民企服务中心;得到浙商研究院的大力支持,共建了浙商研究院政商关系研究中心;和宁波大学法学院合作,共建人文法律大学生实践基地。 在宁波设立了协同社会治理研究院,开展"亲清家园"公共服务产品的研究,建立数字化工作团队,组建民企合规数字化服务工具的开发团队,"伴办"万用数字治理平台已经上线。 截至 2023 年 8 月,协同系直接可以支持"亲清家园"工作的工作人员近 200 名,初步解决人力资源问题,大专以上学历 95% 以上,形成高中低搭配的人才结构。

"亲清家园"的发展受益于政府治理改革的大背景,受益于"协同人"对发展道路的正确研判,受益于 10 年持续不断的服务创新。

6.5　社会影响

从商会企业服务中心到"亲清家园",从 2012 年开始,经过 11 年经营,共接待了 300 多批次,来自全国 14 个省(自治区、直辖市)的学者、政府人员、企业家,累计超过 3000 多人次。 召开全国现场会 1 次,即全国商会人民调解现场会;召开全省现场会 3 次,包括浙江省商会承接政府职能现场会、浙江省安全社会化服务现场会、浙江省商会法律服务现场会。 服务过的企业超过 1 万多家,服务家次超过 100 万。 2018 年,被浙江省评为当年服务民企全省十佳服务平台。 紧密协作的政府部门工商联主席、安监局局长均先后被评为全国先进个人,获得国家级、省级荣誉 20 多项。 相关经验作为县域"亲清"政商关系构建案例多次被《人民日报》《浙江日报》等中央及省市主流媒体宣传报道。 全国工商联党组书记徐乐江,原浙江省委常委、统战部部长熊建平,中央统战部非公经济局局长张天昱等均到平台考察和指导过工作。 工作得到李强、熊建平、高兴夫等领导批示肯定。

创始人获 2015 年省知联会特别贡献奖,2018 年宁波市委统战部统一战线先锋人物,2019 年宁波市"十大法治人物",2020 年浙江省社会组织领军人物,2021 年浙江省"七五"普法先进个人等 10 多项荣誉表彰。

6.6 问题思考

(1)政府决策人的支持和实施人的抵制共存

作为党委政府的总体决策,习近平总书记的要求,党中央文件,《营商环境条例》《浙江省民营企业发展促进条例》等法律法规和部门地方规章、文件均支持构建"亲清"政商关系。宁海"亲清家园"从一开始策划,托管人就为体制外人员,天然决定了服务平台的社会视角、民企视角,"亲清家园"的存在和工作的实施,本质上有体制外对体制内进行工作监督的事实,天然会触动政府基层干部和工作人员自觉不自觉地对抗、抵制,在实际工作中表现为"叶公好龙"现象普遍,指出别人的问题尤其是宏观问题乐见其成,触及自己的问题尤其是具体问题反感抱怨、消极应对。

(2)党委、政府和司法部门支持合力尚未形成

作为平台体制内支持者的县委统战部等党内系统,以引领、协调为主,无实际企业管理和服务职能,没有可以支持平台发展的直接有效资源,积极的态度和有限的能力形成鲜明对比。作为党委系统的强力部门纪委、监委,虽一直探索在"亲清家园"发挥作用的模式,但由于纪检委主要职能在事后监督、追责,且统战部在主导,一直未找到有效参与的路径,没有纪委监委保障,特别在县委书记、副书记层面没有实质性推动的长期规划,导致党委在"亲清家园"工作推进过程中的作用发挥受限。

作为政府部门,自身往往搭建服务平台,并希望这一服务平台由自己主导,和"亲清家园"联建往往是面上需要,并非内心愿意,导致"亲清家园"和相关部门即便签订了协议,形成了文件,在实际工作中并未落实,且随着具体事件的发生,在矛盾协调过程中,特别是在民企权益的维护过程中,容易产生和"亲清家园"工作人员的对立问题,导致协调工作长期不可持续。

作为公检法司,由于各条线上级有和工商联合作推进的要求,和"亲清家

园"合作相对较好，只要大家真正认可，工作基本可以推进，但受上级的阶段性要求影响较大，常态化的工作还有待加强。

(3)扎根于民企合规源头治理才有出路

从宁海"亲清家园"的实践来看，最终降低运维风险，使得"亲清家园"可以持续发展的关键在于服务。 政府领导的更替使得党委政府的工作变得不可控、不可靠，且由于始终处于矛盾和问题的中心，时间越长，对手和诋毁的言论越多，困难越多。 只有政治和经济资源足够丰富、足够强大才能跨过这一阶段，这对一般服务平台来说特别困难。

宁海"亲清家园"通过对民企的有效服务，得到民企的广泛认可，形成稳定的客户群体，产生可持续的长期收益，支持平台度过了一个又一个来自政府和市场的危机，只有扎根于服务民企，才能保证收益，才能保证平台既接受党委政府指导，又坚持其独立性，能为民企发出声音。

(4)要坚持用科学治理模型持续改进平台

宁海"亲清家园"一直坚持将科学治理模型导入平台的管理和服务，即促进四个角色全面参与，逐步完善三个保障。 四个角色的参与指党委领导、政府负责、企业参与、社会协同，三个保障指法治保障、技术支撑、民主协商。我们发现，但凡该模型匹配度高的时候，都是平台加速发展的时候，但凡受领导变更、对抗事件等影响，和该模型匹配度低的时候，都是问题越来越多的时候，也是生存越来越难的时候。 因此，我们有理由相信：在各地搭建"亲清"政商关系促进实体化工作平台，需要和当地主要领导就依据该模型创建和运维平台达成高度共识。

参考文献

BANERJI S, DUYGUN M, SHABAN M, 2018. Political connections, bailout in financial markets and firm value [J]. Journal of corporate finance, 50: 388-401.

BAUM R, SHEVCHENKO A, 1999. The "State of the State" [J]. Harvard contemporary China series: 333-360.

BERKMAN H, COLE R A, FU L J, 2011. Political connections and minority-shareholder protection: evidence from Securities-Market Regulation in China [J]. Journal of financial and quantitative analysis, 45(6): 1391-1417.

CAI H, FANG H, XU L C, 2011. Eat, drink, firms, government: an investigation of corruption from the entertainment and travel costs of Chinese firms [J]. The journal of law and economics, 54(1): 55-78.

CAO X, PAN X, QIAN M, et al., 2017. Political capital and CEO entrenchment: evidence from CEO turnover in Chinese non-SOEs [J]. Journal of corporate finance, 42: 1-14.

CHEN C R, LI Y, LUO D, et al., 2017. Helping hands or grabbing hands? An analysis of political connections and firm value [J]. Journal of banking & finance, 80: 71-89.

CHEN C J P, LI Z, SU X, et al., 2011. Rent-seeking incentives, corporate political connections, and the control structure of private firms: Chinese evidence [J]. Journal of corporate finance, 17(2): 229-243.

FACCIO M, 2006. Politically connected firms [J]. The American economic review, 96(1): 369-386.

FAN J P H, WONG T J, ZHANG T, 2007. Politically connected CEOs, corporate governance, and Post-IPO performance of China's newly partially privatized firms [J]. Journal of financial economics, 84(2): 330-357.

FERRIS S P, HOUSTON R, JAVAKHADZE D, 2016. Friends in the right places: The effect of political connections on corporate merger activity [J]. Journal of corporate finance, 41: 81-102.

FISMAN R, 2001. Estimating the value of political connections [J]. The American economic review, 91(4): 1095-1102.

FONSEKA M M, YANG X, TIAN G L, et al., 2015. Political connections, ownership structure and private-equity placement decision: evidence from Chinese listed firms [J]. Applied economics, 47(52): 5648-5666.

GLAESER E L, SAKS R E, 2006. Corruption in America [J]. Journal of public economics, 90(6-7): 1053-1072.

HE K, PAN X, TIAN G G, 2017. Political connections, audit opinions, and auditor choice: Evidence from the ouster of government officers [J]. Auditing: a journal of practice & theory, 36(3): 91-114.

KOFMAN F, Lawarrée J, 1996. On the optimality of allowing collusion [J]. Journal of public economics, 61(3): 383-407.

LAFFONT J J, MARTIMORT D, 2009. The theory of incentives: the principal-agent model [M]. Princeton: Princeton University Press.

LI H, MENG L, WANG Q, et al., 2008. Political connections, financing and firm performance: evidence from Chinese private firms [J]. Journal of development economics, 87(2): 283-299.

LI H, ZHOU L A, 2005. Political turnover and economic performance: the incentive role of personnel control in China [J]. Journal of public economics,

89(9)：1743-1762.

LI J，QIAN C，2013. Principal-principal conflicts under weak institutions：a study of corporate takeovers in China [J]. Strategic management journal，34(4)：498-508.

LI S，SONG X，WU H，2015. Political connection，ownership structure，and corporate philanthropy in China：a strategic-political perspective [J]. Journal of business ethics，129(2)：399-411.

LIM C Y，WANG J，ZENG C C，2018. China's "mercantilist" government subsidies，the cost of debt and firm performance [J]. Journal of banking & finance，86：37-52.

LIN K J，TAN J，ZHAO L，et al.，2015. In the name of charity：political connections and strategic corporate social responsibility in a transition economy [J]. Journal of corporate finance，32：327-346.

MAURO P，1995. Corruption and growth [J]. The quarterly journal of economics，110(3)：681-712.

OLKEN B A，PANDE R，2012. Corruption in developing countries [J]. Annual review of economics，4(1)：479-509.

PIOTROSKI J D，ZHANG T，2014. Politicians and the IPO decision：the impact of impending political promotions on IPO activity in China [J]. Journal of financial economics，111(1)：111-136.

QIAN Y，WEINGAST B R，1996. China's transition to markets：market-preserving federalism，Chinese style [J]. The journal of policy reform，1(2)：149-185.

QIAN Y，WEINGAST B R，1997. Federalism as a commitment to perserving market incentives [J]. The journal of economic perspectives，11(4)：83-92.

REINIKKA R，SVENSSON J，2006. Using micro-surveys to measure and explain corruption [J]. World development，34(2)：359-370.

SHLEIFER A，VISHNY R W，1993. Corruption [J]. The quarterly journal of economics，108(3)：599-617.

STIGLER G J, FRIEDLAND C, 1962. What can regulators regulate? The case of electricity [J]. Journal of law & economics, 5(5): 1-16.

SVENSSON J, 2005. Eight questions about corruption [J]. Journal of economic perspectives, 19(3): 19-42.

TIROLE J, 1986. Procurement and renegotiation [J]. Journal of political economy, 94(2): 235-259.

TIROLE J, 1992. Collusion and the theory of organizations [J]. Advances in economic theory, 2: 151-206.

WEINGAST B R, 1995. The economic role of political institutions: market-preserving federalism and economic development [J]. Journal of law economics & organization, 11(1): 1-31.

XU N, YUAN Q, JIANG X, et al., 2015. Founder's political connections, second generation involvement, and family firm performance: Evidence from China [J]. Journal of corporate finance, 33: 243-259.

卞志村, 2018. 构建"亲""清"新型政商关系 [N]. 新华日报, 2018-11-13(15).

曹春方, 马连福, 沈小秀, 2014. 财政压力、晋升压力、官员任期与地方国企过度投资 [J]. 经济学(季刊), 13(4): 1415-1436.

陈璟, 刘俊生, 2016. 四维度政绩考核促"亲""清"型政商关系的建立 [J]. 中国党政干部论坛 (6): 15-18.

陈寿灿, 徐越倩, 2019. 浙江省新型政商关系"亲清指数"研究 [J]. 浙江工商大学学报 (2): 5-17.

褚红丽, 2018. 新型政商关系的构建:"亲"上加"清" [J]. 山东大学学报(哲学社会科学版) (5): 140-149.

戴亦一, 潘越, 冯舒, 2014. 中国企业的慈善捐赠是一种"政治献金"吗?来自市委书记更替的证据 [J]. 经济研究, 49(2): 74-86.

党力, 杨瑞龙, 杨继东, 2015. 反腐败与企业创新:基于政治关联的解释 [J]. 中国工业经济 (7): 146-160.

邓建平, 曾勇, 2009. 政治关联能改善民营企业的经营绩效吗 [J]. 中国工业经济 (2): 98-108.

邓凌，2016.构建"亲""清"新型政商关系：症结与出路［J］.中央社会主义学院学报（4）：67-70.

干春晖，邹俊，王健，2015.地方官员任期、企业资源获取与产能过剩［J］.中国工业经济（3）：44-56.

何艳玲，2013.中国城市政府公共服务能力评估报告［M］.北京：社会科学文献出版社.

侯惠勤，2013.中国城市基本公共服务力评价［M］.北京：社会科学文献出版社.

侯远长，2017.构建新型政商关系若干问题研究［J］.学习论坛，33（2）：11-14.

黄玖立，李坤望，2013.吃喝、腐败与企业订单［J］.经济研究（6）：71-84.

贾明，张喆.高管的政治关联影响公司慈善行为吗？［J］.管理世界，2010（4）：99-113.

江阴市委统战部江阴市委党校联合课题组，2017.新型政商关系构建中的统战策略研究［J］.江苏省社会主义学院学报（6）：64-73.

李捷瑜，黄宇丰，2010.转型经济中的贿赂与企业增长［J］.经济学（季刊），9（4）：1467-1484.

李岚，2017.豫浙民营企业政治行为的比较研究——一个制度环境的视角［J］.经济经纬，34（3）：99-104.

罗党论，赖再洪，2016.重污染企业投资与地方官员晋升：基于地级市1999—2010年数据的经验证据［J］.会计研究（4）：42-48.

罗党论，甄丽明，2008.民营控制、政治关系与企业融资约束：基于中国民营上市公司的经验证据［J］.金融研究（12）：164-178.

骆平，周巧生，2019.构建新时代"亲清"新型政商关系的路径选择：基于重庆市南岸区建立"双向评价"机制的调研与思考［J］.广西社会主义学院学报，30（5）：15-20.

倪鹏飞，2012.城市化进程中低收入居民住区发展模式探索［M］.北京：社会科学文献出版社.

聂辉华，韩冬临，马亮，等，2018.中国城市政商关系排行榜2017［R］.

聂辉华,李金波,2006.政企合谋与经济发展 [J].经济学(季刊),6(1):75-90.

聂辉华,张雨潇,2015.分权、集权与政企合谋 [J].世界经济,6(3):3-21.

聂辉华,张曦,江艇,2014.中国地区腐败对企业全要素生产率的影响 [J].中国软科学(5):37-48.

潘红波,夏新平,余明桂,2008.政府干预、政治关联与地方国有企业并购 [J].经济研究(4):41-52.

潘越,戴亦一,李财喜,2009.政治关联与财务困境公司的政府补助:来自中国 ST 公司的经验证据 [J].南开管理评论,12(5):6-17.

钱先航,曹廷求,李维安,2011.晋升压力、官员任期与城市商业银行的贷款行为 [J].经济研究(12):72-85.

邱实,赵晖,2015.国家治理现代化进程中政商关系的演变和发展 [J].人民论坛(5):12-15.

施雪华,2010."服务型政府"的基本涵义、理论基础和建构条件 [J].社会科学(2):3-11.

孙艳,2020.X 区落户企业服务中构建"亲""清"政商关系问题研究 [D].青岛:山东科技大学.

台州市工商联党组理论学习中心组,2020.建立台州"亲清指数"构建"1＋X"体系 [N].台州日报,2020-12-30(5).

唐松,孙铮,2014.政治关联、高管薪酬与企业未来经营绩效 [J].管理世界(5):93-105.

唐亚林,2016."亲""清"政商关系的社会价值基础 [J].人民论坛(9):6.

田利辉,张伟,2013.政治关联影响我国上市公司长期绩效的三大效应 [J].经济研究(11):71-86.

王赛德,潘瑞姣,2010.中国式分权与政府机构垂直化管理:一个基于任务冲突的多任务委托—代理框架 [J].世界经济文汇(1):92-101.

王帅,2019.法治、善治与规制:亲清政商关系的三个面向 [J].中国行政管理(8):99-104.

王蔚，李珣，2016.政商良性互动关系应遵循的原则及路径探析［J］.湖南行政学院学报（6）：88-91.

王贤彬，徐现祥，2008.地方官员来源、去向、任期与经济增长：来自中国省长省委书记的证据［J］.管理世界，174(3)：16-26.

王贤彬，徐现祥，李郁，2009.地方官员更替与经济增长［J］.经济学（季刊），8(3)：1301-1328.

王小鲁，余静文，樊纲，2013.中国分省企业经营环境指数2013年报告［M］.北京：中信出版社.

吴伟，于文轩，马亮，2016.提升社会公平感，建设服务型政府：2014连氏中国城市公共服务指数调查报告［J］.公共管理与政策评论，5(1)：5-16.

肖浩，夏新平，2010.政府干预、政治关联与权益资本成本［J］.管理学报（6）：921-929.

新加坡南洋理工大学南洋公共管理研究生院课题组，2013.完善服务型政府体系，实现全面均衡发展：2012年连氏中国服务型政府调查报告［J］.经济研究参考(10)：22-40.

新加坡南洋理工大学南洋公共管理研究生院课题组，吴伟，2014.2013连氏中国服务型政府调查报告［J］.电子政务(4)：18-33.

徐细雄，郭仙芝，2017.地区官员腐败与企业代理成本：基于中国上市公司的实证研究［J］.重庆大学学报(社会科学版)，23(3)：1-10.

徐现祥，王贤彬，2010.晋升激励与经济增长：来自中国省级官员的证据［J］.世界经济（2）：15-36.

徐业坤，钱先航，李维安，2013.政治不确定性、政治关联与民营企业投资：来自市委书记更替的证据［J］.管理世界(5)：116-130.

徐越倩，2020.亲清政商：寻求政府与商会的策略性合作［M］.杭州：浙江工商大学出版社.

徐越倩，楼鑫鑫，2019.政府与商会关系的理论进路与政策演化［J］.治理研究（1）：89-96.

杨其静，2011.企业成长：政治关联还是能力建设？［J］.经济研究，10：54-66.

杨卫敏，2016.构建"亲""清"政商关系探析：学习习近平有关新型政商关系的重要论述［J］.江苏省社会主义学院学报(3)：37-45.

杨卫敏，2018.简析新型政商关系的层次构建及保障：以浙江省的实践探索为例［J］.广西社会主义学院学报，29(4)：33-40.

杨星，田高良，司毅，等，2016.所有权性质、企业政治关联与定向增发：基于我国上市公司的实证分析［J］.南开管理评论，19(1)：134-141.

尹振东，聂辉华，2011.桂林.垂直管理与属地管理的选择：政企关系的视角［J］.世界经济文汇(6)：1-10.

于文轩，林挺进，吴伟，2012.提升政府治理水平，打造服务型政府：2011连氏中国服务型政府指数及中国城市服务型政府调查报告［J］.华东经济管理，26(7)：26-30.

余明桂，回雅甫，潘红波，2010.政治联系、寻租与地方政府财政补贴有效性［J］.经济研究，45(3)：65-77.

张国清，马丽，黄芳，2016.习近平"亲清论"与建构新型政商关系［J］.中共中央党校学报，20(5)：5-12.

张军，高远，2007.官员任期、异地交流与经济增长：来自省级经验的证据［J］.经济研究(11)：91-103.

张敏，黄继承，2009.政治关联、多元化与企业风险：来自我国证券市场的经验证据［J］.管理世界(7)：156-164.

郑善文，2018.构建亲清新型政商关系若干问题研究［J］.理论研究(5)：59-66.

周黎安，2008.转型中的地方政府：官员激励与治理［M］.上海：格致出版社.

周黎安，2007.中国地方官员的晋升锦标赛模式研究［J］.经济研究(7)：36-50.